Mai Buk Ah Kriol/ Inglish Poaymz

Sharon Louise Mejia

This is a work of fiction. All of the characters, names, incidents, organizations, and dialogue in this
novel are either the products of the author's imagination or are used fictitiously.

AuthorHouse™
1663 Liberty Drive
Bloomington, IN 47403
www.authorhouse.com
Phone: 1 (800) 839-8640

Because of the dynamic nature of the Internet, any web addresses or links contained in this book may have changed
since publication and may no longer be valid. The views expressed in this work are solely those of the author and do not
necessarily reflect the views of the publisher, and the publisher hereby disclaims any responsibility for them.

Any people depicted in stock imagery provided by Getty Images are models,
and such images are being used for illustrative purposes only.
Certain stock imagery © Getty Images.

This book is printed on acid-free paper.

ISBN: 978-1-7283-3407-3 (sc)
ISBN: 978-1-7283-3408-0 (e)

Print information available on the last page.

Published by AuthorHouse 11/29/2019

authorHOUSE®

Scholarship Program

The proceeds from sales of this book will be used for awarding scholarships to needy students through the Progressive Education Assistance Team (PEAT).

ACKNOWLEDGEMENTS

This book was inspired by parents, teachers and students of the Salvation Army School in Belize City, the Pilgrim Fellowship Mennonite School in Hattieville, and the Hattieville Government School.

Having taught at each of these institutions for several years, it was my privilege and joy to prepare students for various occasions such as end of school programs, September Celebrations, Christmas Programs, and the Festival of Arts. Some of the poems were performed as skits, while others were recited by individuals wearing appropriate costumes. Several parents and teachers have encouraged me to compile the poems and to distribute them to schools so that more Belizean students can benefit by reading them.

I must express my gratitude to Mr. Leroy Green, who worked with the Ministry of Education and the National Institute of Culture and History for his helpful guidance and critique. I am also grateful to Honorable Patrick Faber, Minister of Education, for his kind words of encouragement, and for his support. A big thank you to my son, Lovoy Ruben Mejia for assisting with the selection of images in an effort to illustrate various sections of the book. Above all, I give God the glory for blessing me with such wonderful talents. It is my sincere desire that all who read this book will learn the Belize Kriol, and will develop an appreciation for the language.

THANKS

The Belize Kriol–Inglish Dikshineri was used in standardizing the Kriol language used in this book. Thanks to Silvana Udz and Myrna Manzanares for allowing me to use their expertise. A big thank you to Mr. Deryck Satchwell for taking time from his busy schedule to assist with editing as well. I hereby express sincere gratitude to Mr. Lawrence Vernon, the official editor and consultant in pushing the book forward and ensuring that I met deadlines.

DEDICATION

Mai Buk Ah Kriol Poaymz is dedicated to my husband, Mr. Reuben Mejia, who supports me when I am inspired to write even if it is in the middle of the night or in the wee hours of the morning. To my son, Lovel Mejia for reciting the poems in public since he was a little boy at

Hattieville Government School, up until now. To all the students who have eagerly performed at the Bliss Center for the Performing Arts during the Festival of Arts and have won gold. Your names are too numerous to mention, but you have all been my joy and inspiration. I also dedicate this book to the memory of my beloved parents, Uriel Maine and Gloria Clarke (Meighan) who used to listen to me tirelessly as I recited for them so that they could critique the work. Since they are no longer able to do so, I am grateful that my husband and children have taken on that role. Above all, this book is dedicated to all of its readers at home and abroad who challenge themselves to read the Belize Kriol.

FOREWORD

The ability of poets to express their thoughts in poetry is not necessarily confined to those persons overtime that have been described as 'greats'; but rather can also be found in our humble Belizean poets. What is important in writing and sharing their thoughts is that these be composed, preserved and disseminated as widely as possible to those readers who wish to benefit from the poets' wisdom.

Sharon Mejia has taken on the awesome task of expressing her thoughts and experiences in poetry – and not any type of poetry – but poetry written in the Kriol language. She has put together a collection of 18 poems which challenges us to understand her feelings about her society, her years spent as a teacher in dealing with students and parents, and the emphasis she places on a roots setting to which readers can readily identify.

Kriol is the language spoken by many Belizeans, especially the Creole people of Belize. The writer is quick to dispel the perception that Creole is a dialect of English, but assures us that it is indeed its own language with grammar and spelling rules. The Kriol Council of Belize has reinforced this with its publication of the *Kriol-Inglish Dikshineri*.

Sharon's inspirational gems in Kriol, which she has also translated into English, make for pleasurable reading experiences, giving credence to the saying that in any language: Poetry is the language of the soul. She has joined the writers of diverse backgrounds who have become an integral part of the development of Belizean literature. It is surely the short stories, novels, plays, and splendid poetry that has captured Belize today!

For many years Belizean teachers have been hampered in their efforts to better educate because of the lack of knowledge of the Kriol language. *Mai Buk Ah Kriol Poaym* by Sharon Mejia will be a most valuable resource to stimulate Belize Creoles to further study their language, and encourage more writers to write in the language.

Lawrence Vernon

Contents

Unu Goh Da Skool

Fos Chail: Aal unu pikni weh laik mis skool,
Unu lisn tu dis, jos noh bee wahn fool:
Steda unu di waak aal bout di plays,
Ahn mek shaym chroa eena unu payrens fays,
Unu goh da skool az unu shud;
Ah di tel unu dis fi unu oan gud.

Sekant Chail: Wel, mek ah tel yoh dis, mi dyaa!
Dat da wahn ting Ai noh waahn hyaa!
Kaz Ai jos noh laik goh da skool,
Bot Ai noa seh Ai da noh wahn fool!
Wen Ai geh big, Ai wahn jraiv sanchrok:
Ai wahn mek lat ah moni, kaz Ai baan wid gud lok!

Fos Chail: If yoo waahn bee wahn chrok jraiva man,
Yoh wahn hafu ga wahn veri gud plan!
Yoh wahn haftu ga di distans araynj,
Ahn laan fi gi pipl dehn karek chaynj!
Da skool yoh wahn laan how fi du Mat;
Ahn az wahn chrok jraiva yoo wahn need fi noa dat!

Terd Chail: Wel, Ai noh hafu wori maiself ataal!
If Ai wahn eniting Ai jos mek wahn kaal,
Tu mai aanti in di U EZ ov A,
Ahn she seh, *'Honi, yoo don't hav tu kay'*.
Soh Ai noh gwain da skool,
Ai wahn wach Tee Vee,
Ahn wen Ai geh big, mai aanti wahn sen fi mee!

1

Fos Chail: Wen yoh mi geh wahn leta fahn deh,
Yoh ax mi foh tel yoh weh e seh!
Neva stay weh fahn skool fi spait,
Kaz yoh mos laan fi reed ahn rait!
Praktis fi goh da skool evriday,
Stodi unu teecha ahn laan fi obay!

Evribadi: Aal unu pikni da Hativil,
Mos laan di reedin ahn raitin skil!
Noh sit bak ahn relax wid eez,
Mek gud graydz ahn bigop Bileez!
Ahn if all ah wee du di bes wee kyan,
Wee wahn bee sohn indoschrios Bileezyan!

KOLOMBOS ER MAIYA DAY?

Sohn taim wen Ai tink bow Kolombos,
Ih mek ah feel kaina nervos!
Jos imajin bowt di way,
Dehn staat wid dis Kolombos Day!
Bikah dehn seh dat hee,
Kohn fahn way oava see,
Wid di Nina, Pinta ahn Santa Maria,
Fi Kohn diskova America!

Wel, ah hav gud nyooz fi yoh,
Dat deh stoari noh goh soh!
Lang bifoa Kolombos baan,
Sohn pipl mi liv da dis ya lan,
Di Maiya Etnik groop bai naym,
Shuda geh aal dis Kolombos faym!
Hihn noh dizerv aal weh ih geh,
Dehn tingz weh ih teef fahn di Maiya dehn!

Tu mee, dis stoari veri oal,
How Kolombos mi-di luk fi goal!
Da Ees Indya ih mi-di hed fah,
Bot bai chaans ih reech America!
Ih yaiy dehn glita wen ih si,
Dis byootiful lan weh dah foh wi!
Ahn aan ahn aan di stori goh,
How dehn kanka Mexico!

4

Bot bifoa eni Yooropeeyan kaym,
Di Maiya dehn mi ha aal di faym!
Dehn mi-di liv soch ah peesful laif,
Dehn neva bada fi mek noa schraif!
If yoo goh da eni Maiya sait,
Yoh wahn si fi yoh self dat Ai kwait rait!
How di Maiya dehn mi-di moov arong,
Insteda wap Kolombos dong!

Ahn di Yooropeeyan dehn kantinyu fi push,
Di Maiya pipl dehn eena bush!
Til dehn en op di bil wahn lee tong,
Eena Toledo kaal Ushbenton!
Dehn diskova di yoos ah di zeero,
Ahn in reeyaliti dehn da wi heero!
Soh aal Bileezyans shuda prowdli say,
Hapi Mundo Maiya Day!

NOH TEL LAI!

Wahn day ah disaid fi tek wahn luk,
Eena di Baibl, dat preshos buk;
Ah ton dairekli tu Aks chapta faiv,
Ahn reed bowt how di erli choch servaiv.

Dehn ah reed bowt wahn man ahn ih waif,
How lai kaaz dehn fi looz dehn laif;
Di too ah dehn mek wahn diseetful plan;
Aftah dehn sel wahn big pees ah lan.

Ananias ahn Saphira seh,
'Dis da wahn taim wee wahn chrik dehn'
Wee wahn haid sohn moni bihain di shelf,
Ahn spen som ah it pahn foh wee self!'

Ananias waak schrayt eena choch,
Dehn taihn deh Peeta mi reeli toch!
Kaaz di Spirit ah Gaad mi don riveel,
Dat Ananias ahn ih waif mi mek wahn deel!

Soh Peeta aks ahn, *'Da onli dat?'*
Ahn Ananias ansa, *'Dis da aal ah gat!'*
Dehn Peeta aks ahn, *'Wai yoo di chrai,*
Foh diseev di Laad bai telin wahn lai?

Da lan mi aalwayz bilang tu yoo,
Yoh kud ah mi kip aal di moni too!
Yoh neva hav tu kohn priten,
Bot Gaad wahn deel wid yoo, mi fren!'

Dehn Ananias faal dong bak way,
Ahn fyaa kom eena di choch da day!
Di pipl dehn si dat ih noh pay fi lai,
Ahn how Ananias jrap dong ahn dai!

Dehn witnis how ih faal pahn di floa,
Ahn sohn man kohn bak ah chroo di doa!
Dehn chree owaz afta Saphira step een,
Ah tink shee mi priti ahn ih kloaz mi kleen!

Bot ih ripeet di lai Ananias mi tel,
Ahn shee jrap dong ded az wel!
Kaaz Peeta mi tel ahn how ih wahn bee,
Dat hoo ker Ananias wahn ker shee!

Di man dehn pik ahn op aaf ah di floa,
Ahn gaan wid ahn rait chroo di doa!
Dehn beri ahn rait bisaid ih man,
Sayk a tel lai bow wahn pees ah lan!

Now, evri badi kud playnli si,
Dat dis mesij da fi aal ah wi!
Soh unu reeli mek wi chrai,
Fi du di rait ting ahn noh tel lai!

PEE ES EE!!!

Teecha, mai big breda seh,
Hihn gwain tek Pee Es Ee nex Mondeh!
Noh onli yer breda gwain tek Pee Es Ee,
Rait soh mai sista weh naym Carolee!

Soh Teech, dah how bow wee?
Wen wee gwain sit di Pee Es Ee?
Teecha, pleez mek wee du exchra klaas,
Ai noa dat aal ah wee wahn paas!

Bwai Timmy, weh hapn tu yoo?
Yer hed mosi need wahn skroo!
Infant wan pikni kyahn goh sit dat,
Wee kyahn eevn goh tek Bee JAT!

Yoh tek Bee JAT eena Standad Chree,
Den wen yoh reech Siks yoh sit Pee Es Ee!
Wee beta staat fahn now yoh noh Teech,
Ka Standad Siks noh wahn tek lang fi reech!

Mee noh kay weh unu seh at aal,
Ai wahn stodi haad fahn Ai smaal!
Ahn if unu werk haad jos laik mee,
Wee wahn du gud pahn wi Pee Es Ee!

Mai Teecha Seh Soh!

Ma: Ah midi chrai help mi son di aada day,
Bot hihn onli mi-di goh aan wahn way!
Ai had ih buk ahn ih grab it weh,
Ahn staat tu hala bow weh fi hihn teecha seh!

Bwai, luk yah! Yoo don ton ilebn,
Ai laan dehn yah wen ai mi sebn!
Noh di goh aan laik mee fool fool,
Eena foh mi dayz Standad Siks da hai skool!

Son: Wel, mai teecha seh Standad Siks noh inof,
Yoh mos goh dah hai skool ka laif di geh tof!
Ma: Cho! Pikni di goh dah hai skool, bot dehn noh smaata dahn wee!
Weh dehn du dah Standad Siks, wee du fahn Standad Chree!

Son: Oakay dehn Ma, sins yoo soh smaat,
Jos tel mi wen Self-govament mi staat!
Ma: Luk yah, Bwai! Da lang taim dat,
Soh noh Kuhn chrai put mee pahn spat!

Son: Wel, mai teecha noa moa dan yoo,
Ih seh, *'Belize became a colony in eighteen sixty-two!*
Ahn Universal Adolt Sufrij da nainteen siksti-foar,'
Mai teecha smaata dan yoo fi shoar!

Ma: Bwai, luk yah! Mee dah yoh muma yoh noh,
Wai evriting fi yoo da, *'Mai teecha seh soh'*?
Ai neva lef skool chroo di bak doa,
Mee noa az moch az yer teecha noa!

Ah wanda if ih teech yoh bow ayteen-fifteen,
Er if yoh eebn noa weh Adolt Sufrij meen!
Son: Yes, Ma! Ih deh rait eena mi noat,
Dat wen yoh ayteen yoh ga di rait fi voat!

Ma:
Yoo di ak laik mee noh ga sens,
Nainteen ayti-wan Bileez geh Indipendens!
Wen yoo geh hoam werk mee noh wahn help yoh,
Kaaz evriting fi yoo da, *'Mai teecha seh soh!'*

BELIZE, MI BYOOTIFUL HOAM

1. Fahn di naat da Corozal to di sowt da Toledo
Yoh fain frenly pipl weh glad fi meet yoh!
Ih bung pahn di ees bai di Kyaribeeyan See
Wid byootiful lanskayp ahn ova two hunjrid kee!

2. Guatemala deh pahn di wes ahn sowt
Mexico deh naat bai Corozal mowt!
If yoh goh da Cayo eena di wes
Vizit Mountain Pineridge kaaz dat da di bes!

3. Mek shoar yoh goh si di Towzan Foot Faal
Dehn yoh goh da Stann Creek, noh lef dat out at aal!
Ah waahn yoh chek owt di Jankunu dance
Ahn tays di hudut if yoh geh wahn chaans!

4. Wen yoh goh da Toledo, visit di Blue Creek Cave
Taak tu di Maiya, ahn dehn wahn teech yoh how fi sayv!
Kaaz dehn laik mek tingz owta klay
Ahn weev klaat eena sohn priti way!

5. Ah noh waahn yoh faget Orange Walk at aal,
Dat deh rait nex tu Corozal!
Luk ya! Pipl fahn aal langwij ahn rays
Kohn tugeda fi vizit dis plays!

6. Sohn taimz wen Ai goh vizit El Ay,
Mai kozn dehn aks mee wai Ai noh stay!
Ah tel dehn, "Belize dah mai hoam yoh noh
Ahn Ai lov it noh kay weh paat ah goh!

7. Ah tank di Laad nait ahn day,
Dat wee kud liv eena soch peesful way!
Ahn ah tel pipl weh di luk fi lee eez
Jos kohn da Central America ahn vizit Belize!

Noh Sway Fi Yoh Pikni

(Miss Paamah)

1. Wel, lisn to di Mis Maku Shee,
Di taak bowt mai son klaim Ih mengo chree!
If Ih mi seh Kunah, ah mi wahn bileev,
Bot definaytli noh mai lee Steev!

2. Wen Steev Kohn fahn skool ih reed wahn buk
Wail ih di wayt til Ai don kuk!
Wen hihn reech hoam, ih noh goh bak owt,
Soh mee noh noa weh Maku di taak bowt!

3. Dehn ih daata mek op wahn big oal lai,
Ahn seh how Steev ponch ahn eena ih aiy!
Bot sins dehn noh di lash pikni da skool deez dayz,
Di teecha jos tel ahn fi goh tink bowt ih wayz!

4. Wen skool oava, Steev hav tu stay bak
Ahn ron fifteen taimz rong di rays trak!
Bikaaz datdeh teecha aalwayz bileev,
Weh Maku daata seh bowt foh mi Steev!

5. Dehn Maku lee son seh Steev tek weh ih lonch,
Ahn chretn if hihn tel, ih wahn giv ahn wahn ponch!
Bot mai son ker lonch da skool evriday
Soh dat hihn kud hav schrent fi werk ahn play!

6. Steev eevn tel mi how dehn laik di teez,
Dat hihn ker loan jrai bred ahn cheez!
Wel, Ai tel Maku tu fi shee fays,
Dat mai son Steev da noa disgrays!

(Maku)
7. Ah deh rait yah di lisn tu yoh
Di seh yoh son Steev neva du soh!
Bai di way, da mee da Maku,
Ahn Ai di kamplayn bowt weh yoh sohn du!

(Miss Paama)
8. Soh tel mee Maku, Weh da di kraim
Mi lee Steev komit dis yah taim?
Ih mosi gaahn boar hoal pahn tap ah yoh roof
Ahn maybi yoh wahn seh dat yoh ha proof!

(Maku)
9. Az wahn chail ah Gaad Ai noh wahn fait,
Ai prifaa fi du di tingz dehn weh rait!
Ah wahn fala di werdz weh Jeezas sed,
Ahn heep koalz ah faiya pahn yoh hed!

(Miss Paama)
9. Wai-yah –yaiy! Aiyaiy!
Faiya yoh seh?
Pleez mi naybah, noh mek wi goh deh!

(Steev kom een)
10. Ma, ah noa yoh nevah ha noa kloo,
Bot weh da laydi seh dah fi chroo!
Ah teef di mengo fahn aafah ih chree,
Dehn ah hala seh, shee kyahn kech mee!

11. Ai mi taiyad ah eet Kaan Beef ahn rais,
Ahn ah tek weh di lonch bikaaz ih mi luk nais!

(Maku)
12. Ah noa dat weh yoh du da notn gud,
Bot Ai wahn du di bes weh ah kud!
Fi du egzakli weh di Baibl sed,
Ahn heep koalz ah faiyah pahn yoh hed!

(Miss Paama)
13. Faiya? Faiya? Ron, Steevi, ron!
Les goh hoam bifoa wi geh bon!
Luk how Ai jos kudn bileev,
Notn bad bowt mai son Steev!

14. Tu evri mada weh deh out deh,
Noh mek yoh chail du rang ahn get weh!
Ah jos hoap unu di lisn tu mi,
Dat yoh mosn sway fi yoh pikni!

DAT DA CHAANS!

1. Mai pikni Kuhn hoam ahn tel mee seh,
Di teecha rayl op wid ahn tideh
Jos bikaaz shee noh mid-di luk
Wen Teecha di explayn fahn owta wahn buk!
Ai seh, dat da chaans!

2. Noa teecha fi tel aaf mai lee gial,
Ahn ih noh fi lash ahn, kaaz dat ileegal!
Soh shee di tek ting owta mai chail,
Ahn di pik aata ahn fi wahn gud wail!
Ai seh, dat da chaans!

3. Dat deh teecha weh di teech da klaas,
Eevn mek mai pikni kom een laas!
Mai lee gial seh dat shee chrai ih bes,
Bot stil fi shee teecha mek shee fayl di tes!
Ai seh, dat da chaans!

(Teecha)
4. Let me explain to you, Miss Burke,
Your lee gial neva du hoam werk!
In fak, di aada day wen yoh mi seh ih sik,
Da yoo mi wap ahn up wid stik,
Now, Dat da chaans!

5. Fi wahn hoal week yoh mek ih haid,
Kaaz ih kudn sidong pahn ih baksaid!
Yoo beet di chail til ih blak ahn bloo,
Yer nayba mid-di kaal Soashal pahn yoo!
Kaaz dat da chaans!

6. Wen yoo chreet yer chail wid niglek,
Ahn noh teech ahn how fi shoa rispek,
Dehn yoh aalwayz Kohn di mek big fos,
Ahn eevn da lee gial yoh laik di kos,
Now, dat da chaans!

7. Az wahn payrent yoh noh jos Kuhn da skool,
Fi kos owt di teecha ahn ak laik wahn fool!
If yoo noh di tek taim fi help yer chail,
Laan how fi mek ih laif wertwail,
Dehn dat da chaans!

8. Az wahn payrent yoh mos tek taim fi lisn,
Ahn fi help yoh chilvren laan dehn lessn,
Noh niglek yoh chilvren ahn goh waak bowt,
Dehn Kohn fain faalt wid Teecha ahn taak bowt,
Dat da chaans!

Mai Son!

1. Laas nait Ai midi wori bowt dat deh Pee Es Ee,
How mai son gwain da di siti widowt mee;
Ai stay op di tink bowt dat aal nait,
Dehn ah jomp op az soon az ah si daylait!

2. Mai sohn reeli di groa op kwik,
Ahn sohntaim ih mek ah feel kaina sik!
Fi tink dat hihn da noh wahn baybi nohmoh,
Kaaz now da haiskool ih di luk fi goh!

3. Ai noa seh hee noh aal dat smaal,
Soh ih saiz noh di badah mee at aal!
Weh Ai wori bowt, da foh mek ih goh,
Da Bileez Siti widowt mee, yoh noh!

4. Di faades mai sohn gwain widowt mee,
Da Bileez Siti foh sit Pee Es Ee!
Lisn! Ai stil ha fi hee naybl schring,
Ih deh rait hoam eena wahn lee ting!

5. Mai sohn wahn liv wid mee aal ih laif,
Eevn if hee marid ahn hav ih waif!
Ih noh mata how big mai sohn geh,
Hee beta noh taak bow hihn gwain weh!

6. Ai mosi reeli song selfish fi chroo,
Wen Ai taak bowt mai sohn tu yoo!
Bot Ai jos waahn yoh noa how Ai feel,
Bikaaz Ai lov mai sohn foh reel!

Di Rooma

(Narayta)
1. Ah waahn tel yoh bow di rooma weh midi goh rong,
Eena wahn lee plays kaal Betlihem Tong!
Wel, paat ah di stoari kaina skayri,
Bowt how wahn aynjel gaahn vizit Mayri!

2. Shee mi ingayj foh bee Joazef waif,
Bot di rooma jos staat tu mes op dehn laif!
Ka wen Joazef fain owt bow di chail,
E seh, "Mayri, yoo midi mes rong aal di wail!"

(Joazef)
3. Mayri, Ai jos kyaahn andastan,
Wai yoo hafu mi gaan wid wahn nada man!
Gial Mayri, Ai lov yoo wid aal mai haat,
Bot mee ahn yoo wahn hafu paat!

(Mayri)
4. Wel Joazef, Ai noh reeli waahn boas,
Bot Ai geh beli kaaz ah di Hoali Goas!
Wahn aynjel fahn Hevn kohn vizit mee,
Ahn eksplayn how evriting wahn bee!

(Joazef)
5. Hoali Goas du wat?! Ih kohn pahn yoo?
Lisn Mayri, dat kyaahn bee chroo!
Foh geh beli yoh mi hafu goh wid bwai,
Soh pleez noh kohn ahn tel mi noa lai!

21

6. Luk yah Mayri, yoo beta goh haid,
Kaaz Ai wahn kyaahn mek yoo bee mai braid!
Bot ah reeli noh waahn put yoh tu oapn shaym,
Ah raada haid yoh ahn tek di blaym!

(Mayri)
7. Pleez Joazef, yoh mos andastan,
Dat Ai noh gaahn mes wid noa neks man!
Wahn brait, brait lait da aal Ai si,
Wen di Hoali Goas jos kom oava mi!

(Narayta)
8. Wel, Joazef gaahn sleep wid dowt da nait,
Ahn di neks minit ih waykop eena frait!
Kaaz di aynjel ah di Laad kohn vizit hihn,
Ahn tel ahn aal weh hapn tu Mari!

(Aynjel)
9. Hyaa wat Joazef, Ai mos tel yoo,
Dat eviting weh Mayri seh da chroo!
How shee noh geh pregnant foh noa man ataal,
Shee rimayn oprait ahn neva faal!

(Narayta)
10. Soh Joazef disaid dat hihn noh wahn shaym,
Foh marid Mayri ahn tek aal di blaym!
Ahn ih tek kayr ah Mayri til Jeezas baan,
Ahn chreet ahn wid lov fahn dos tu daan!

11. Yoo mi noa wai dat deh rooma staat?
Da bikaaz Gaad waahn foh wee haat!
Soh Ih yooz Mayri, wahn veri yong gerl,
Foh bring foat Jeezas eena dis werl!

12. Ahn aal weh wee hafu du da bileev,
Dehn oapn wi haat tu Gaad ahn riseev
Jeezas Krais hoo da Laad ah di seezn,
Bikaaz dat deh rooma da mi foh wahn reezn!

13. Mek Ai tel unu di reel reezn,
Wai wee selabrayt dis ya seezn!
Noh foh Santa Klaaz ahn Krismos chree,
Bot bikaaz ah Gaad lov foh yoo ahn mee!

WEN SKOOL BEL RING

1. Wen skool bel ring wee noh hafu rays,
   Fi geh da di lain ahn reech fos plays!
   Wee kud stap play, er eet, er, taak,
   Ahn wee kud jos polaitli waak.

2. Ahn if wee si dehn lee pikni di ron,
   Wee kud tel dehn, "Main yoh faal dong!"
   Wee kud mek shoar ahn schraytn di lain,
   Ahn wee kud chreet wahn anada kain!

3. Wen di skool bel ring wee wahn lisn,
   Ahn geh redi foh mek wee laan wi lesn!
   Fi wee teecha noh wahn hafu taak aal day,
   Kaaz wee wahn koaparayt wail wi werk ahn play!

4. Dehn wen skool bel ring en ah di day,
   Kwaiyat wahn wee wahn stan op ahn pray!
   Wee wahn kapi dong wi hoam werk ahn kleen di klaas,
   Ahn wi wahn mek shoar dat wee noh lef skool laas!

5. Aal hoo liv faar wahn goh pahn di bos,
   Wee wahn bihayv wiself ahn noh kaaz noa fos!
   Soh wee lee pikni mos memba wahn ting,
   Wi hafu goh schrayt hoahn wen skool bel ring!

PIKNI NOWADAYZ!

1. Dehn pikni nowadayz,
Hav sohn ridikyoolos wayz!
Ah wanda if dehn geh gud laanin,
Kaaz dehn paas mi ahn nat ebn seh maanin!

2. Ah luk rong ahn seh, "Maanin, Chail!"
Ih flungz ahn hala, "Ai si dah maanin aal di wail!"
Soh ah aks ahn, " Hoo da fi yoo mumah?"
Ih kimbo ahn aks mi weh Ai waahn noa dat fah!

3. Ah shayk mi hed ahn seh,
"Ah wanda weh foh shee ma ahn pa deh!"
Pikni nowadayz noh ga manaz ataal,
Da noh laik wen mee ahn yoh mi smaal!

4. Dehn wahn aidya kohn da mi main,
Dat az di adolt Ai mos kud fain,
Wahn ahn too difrant wayz,
Foh help dehn pikni nowadayz!

5. Ai mos chreet dehn gud wen dehn bihayv bad,
Ahn tel dehn kain werds wen dehn feel sad,
Ai mos rimemba dat pikni impoatant tu,
Ahn dat dehn fala weh dehn si di adolts du!

6. Soh if Ai shoa gud egzampl evriday,
Ai kud teech dehn wahn beta way,
Sohn ah dehn mait chaynj dehn wayz,
Ah bee beta pikni nowadayz!

Praktis Weh Yoh Preech!

(Kooli)

1. Soh weh gaan aahn di aada day, Maku?
Da weh Mis Paama son mi du?
Kaz shee kohn tel mi seh ih nayli ded,
Wen yoo seh yoh wahn heep koalz ah faiyah pahn ih hed!

(Maku)

2. Gial, mee noh wahn dig op weh paas ahn gaan,
Ah jos midi tel Paamah wahn pasij weh ah laan,
Dat wen pipl du yoh rang, yoh du gud tu deh instead,
Da onli soh yoh kud heep koalz ah faiya pahn dehn hed!

(Kooli)

3. Wel wans dehn fool wid mee, Ai noh kay da hoo,
Ai wahn du dehn bak, kaz mee da noh laik yoo!
Noa badi fi tink bow du mee fool ahn get weh,
Kaz da foh shoar, Ai wahn bon faiya pahn dehn!

(Maybl)

4. Bot wayt Kooli, yoo noh goh da choch agen?
Da noh jos di aada day yoh seh Jeezas da yoh fren?
Yoh neva waahn mis choch kaz yoh mi ha wahn klaas fi teech,
Now yoh beta mek shoar ahn praktis weh yoh preach!

(Maku)

5. Da chroo Kooli, weh Maybl seh kwait rait,
Wi noh goh da choch fi laan foh kwaaril ahn fait!
Wen yoh goh da choch Da noh foh wach weh pipl wayr,
Er luk rong foh si hoo aal gah weev eena dehn hayr!

(Kooli)

6. Ai stil goh da choch Gial, ahn Ai chrai mai bes,
Bot wen dehn du mee rang, Ai wahn du dehn bak yes!
Sohn taihn eena laif yoh di chrai foh bee kool
Bot pipl tek advantij kaaz dehn tink dat yoh fool!

(Kooli)

7. Yaah Gial, Ai noh seh Ai noh goh da mi lee choch,
Bot wans yoh mes wid mee, Ai noh wahn taak tu moch!
Ai wahn du laik Peetah ahn fait dehn tu di laas,
Dehn wen Ai don beet dehn op, Ah wahn pik op bak di kraas!

(Maybl)

8. Noh, Kooli! Dehn pikni fala wee wahn lat
Ahn wee shoarli kyahn teech dehn fi du dat!
Wee kyahn teech dehn fi kwaaril ahn fait,
Wee wahn hafu teech dehn fi du tingz weh rait!

9. If yoo di seh how yoo da Jeezas fren,
Yoh hafu fala ahn tu di en!
Hihn neva wans put dong fi hihn kraas,
Hihn sofa fi wee til di veri laas!

(Maku)

10. Soh Kooli, Ah hoap yoh di andastan,
Dat sohn taihn yoh hafu bee di haaf lait wahn!
Kantinyoo fi goh da yoh choch ahn teech,
Bot yoh mos aalwayz praktis weh yoh preach!

HELPFUL SOOZI

1. Helpful Soozi mi soh smaal,
Pipl mi tink shee kudn du notn ataal!
Wahn day Ih mi waahn help Ih ma frai chikin,
Bot Ih ma jraiv ahn owta di kichin!

2. Wen Soozi disaid foh haal di broom,
Ahn proov dat shee kud kleen di room,
Ih sista push ahn owt ahn seh,
"Ai noh waahn yoo eena mai way tideh!"

3. Sins noabadi laik wash blakpat,
Soozi disaid shee mos ku du dat!
Bot wen Ih klaim op pahn di chyaa,
Ih breda seh, "Wayt til yoh geh big, Soozi dyaa!"

4. Helpful Soozi staat tu krai,
"Unu noh eebn waant Ai chrai!
Evribadi tink Ai soh smaal,
Dat Ai keeyahn du notn ataal!

5. Wel Ai wahn reed ahn raita aal day,
Ahn teech sohn pikni wail wee play!"
Ahn aal di adolt eena di naybahud,
Mi-di seh how Soozi staat sohnting gud!

6. Kaaz Soozi teech dehn pikni how fi reed,
Ahn tugeda dehn praktis sohn gud deed!
Helpful Soozi proov dat she noh tu smaal,
Foh reech owt tu needi adolts ahn aal!

7. Soh aal ah wee lee pikni deez dayz,
Kud bee helpful eena aal kaina wayz!
Wee kud help owt wen di needi kaal,
Kaaz laik helpful Suzi wee noh tu smaal!

Mi Chrip Baka Shuboon

1. Wahn day Ah waak gaan baka Shuboon,
Fi goh vizit sohn frenz ahn geh sohn kuhoon!
Dong di road mi hoal faamli waak,
Ahn pahn di way, wi jos laaf ahn taak!

2. Bot kwik taim di jerni Kohn tu wahn en,
Az aal ah wee reech rait da mai fren!
Wi taak ahn wi laaf ahn wi eet riva fish,
Wen wi fren gi wi Sere eena sohn dish!

3. Afta wee rilax fi wahn lee wail,
Mi ma seh, "Unu kud goh eena di riva, Chail!"
Dehn wach aal ah wee pikni swim da aftanoon,
Til di taim kohn fi wi lef Shuboon!

4. Wel, foh mek wahn lang stoari shaat,
Mi ma disaid da taim fi wi staat!
Fi tek wahn shaat kot kraas di feel,
Dehn wahn kow staat ron bihain wee foh reel!

5. Di faama hori klaim op wahn chree,
Wail hee ahn Ih waif midi hala aata wee!
"Unu dash weh di koola kaz kow noh laik red,
Ares if unu noh du dat, aala unu wahn ded!"

6. Ai neva andastan weh dehn mi-di seh,
Soh Ai hoal ahn tu di koola insteda choa it weh!
Ahn faas wahn di kow hihn deh bihain wee di ron,
Luk laik Ih mi jos redi fi bok wee dong!

7. Fut weh yoh mek fah, eebn Mama mi-di ron,
Kaaz non ah wee mi waahn da kow bok wee dong!
Dehn wahn main tel mi dat ah shuda jos pray,
Ahn ax Gaad fi mek dat deh kow goh bowt Ih way!

8. Soon az ah staat tu pray wee reech bai di road,
Wid wi red koola ahn di res ah wi load!
Wel, wahn chrok mi paak rait da road said,
Ahn wee ax di jraiva pleez fi wahn raid!

9. Wen wee reech hoam, Ai mi stil owta bret,
Jos fi tink bowt how wee eskayp foh wee det!
Wel, foh sohn yaaz needa fish ner kuhoon,
Kuda mi mek mee waak goh baka Shuboon!

NOH LOW ABYOOZ!

1. Madaz Mis Mayri, laif haad foh chroo,
Dis ya seekrit da between mee ahn yoo!
How mai man tek mee foh tunu baal,
Ahn kik mi fahn di kichin tu di haal!

2. Ai noh mek mai breda dehn noa,
Ah kova di brooz mek dehn noh shoa!
Ahn wen Ai go da poblik plays,
Ai plasta wahn big grin pahn mai fays!

3. Bot Mis Mayri, yoo noh noa di payn,
Ai put op wid agayn ahn agayn!
Ah noa yoh tel mi foh lef da man,
Bot Mis Mayri, yoo jos noh andastan!

4. Dat wen hee noh deh rong Ai mis ahn bad,
Kaz hee da di fos man Ai eva had!
Hihn da aal ah mai pikni dehn pa,
Ahn Ai noh si wai Ai wahn lef ahn fah!

5. Di aada day Ih gi mi wahn lee moni,
Ahn Ih eevn seh, "Ai lov yoo, Honi!"
Dehn Ih ben dong ahn gih mi wahn nais kis,
Bot wee noh gaahn faar wen ah yer ahn hiss!

6. Ai jos luk op ahn aks, "Da hoo shee?"
Ahn hee staat tu hala aata mee!
Ih seh, "Uman, yoo beta noa yoh plays,
Bifoa ah slap yoh eena yoh fays!

7. Ih tel mi Ai noh fi kwestyan hee,
Dehn Ih push mee weh ahn gaan wid shee!
Mayri: Gial! Dah den deh abyooz yoo di tek?
Ai wanda wai sohn uman mek,

9. Man advantij dehn day ahn nait?
Luk yah Gial! Wee mi wahn fait!
Wel, Ai mek op mai main now, Mis Mayri
Aldoa Ih feel wahn bit skari,

10. Ai noh waahn sofa til Ai geh oal;
Ai wahn pakop Ih tingz ahn mek hee roal!
Ah yoos tu aalwayz feel kanfyooz,
Wid fizikal, mental, ahn verbal abyooz!

11. Bot now, Mis Mayri Ai reeyalaiz,
Dat az wahn uman, Ai da wahn praiz!
Gaad neva mek mee fi bee wahn fool,
Ahn mek dehn di yooz mee laik wahn tool!

12. Ai tank Gaad fi dis liberti,
Dat Hee kud reeli mek mee free!
Ai aksep Krais ahn jain wahn choch,
Soh Ai noh need noa man fi toch;

13. Ai noh di tek nomoh slap, kik, er push,
Ahn hav aal mai naybah dehn di shush!
Aal ah dehn deh hafu sees,
Kaz Ai waahn liv mai laif in pees!

14. Unu uman weh di tek beetn fi tee, dina, tee,
Ah waahn unu tek dis advais fahn mee!
Step op! Shayp op, Bileez uman,
Noh di tek abyooz fahn unu man!

15. Yoo byootiful ahn intelijent yoh noh,
Soh noh low dehn fi di abyooz yoh!
Hoal op yoh hed wid dignitee,
Ahn seh, "Ai schrang, Ai smaat, ahn Ai free!

MAI FREN MAIK

1. Mai fren Mike mi ha wahn way,
Foh gooti wid gial wen ih geh pay;
Ahn evritaim ah use to tel ahn,
"Maik, yoh moni da aal dehn gial wahn!"

Bot mai fren Maik neva stodi mi,
Ih jos seh, "Cho Bwai, shee reeli priti!
If yoo waahn, yoo kud stay rait yah ahn wayt,
Mek Ai goh ax shee foh wahn dayt!"

Now, dis yong laydi midi taak owt loud,
Yoh kuda mi hyaa ahn rait oava di crowd!
Dehn ah reeyalaiz dat shee mi-di kos,
Bikaaz shee ahn ih fren mi ga wahn fos!

Wel ah seh, "Maik, Ai wahn tel yoh di schroot,
Yoo kud du beta dan dat, mai yoot!
Yoh gat lat moa fishiz eena di see,
Soh yoo noh need fi goh owt wid shee!

Bot mai fren Maik stil gaan pahn ih dayt,
Den hihn ahn di gial stay owt layt!
Ahn insteda ih gaan hoam da ih bed,
Ih fala di gial rait anda wahn shed!

Ahn sayn taim di gial reel bwai fren paas,
Eena wahn kaa weh mi-di jraiv faas!
Den di schraynj kaa staat tu sloa dong,
Ahn Maik noatis wen ih ton rong!

Az kwik as laitning di man pul owt wahn gon,
Ahn wen di gial si dat, shee staatid tu ron!
Bot di man jos shout, "Bwai, yoo wahn ded!"
Ahn ih faiya sohn shats tuwaadz di shed.

Wahn bulit kech Maik rait da ih said,
Dehn di shoota jraiv aaf ahn gaahn haid!
Da soh tay nex maanin Misa Brong,
Mi-di paas ahn si Maik pahn di grong!

Ih hori gaan daiyal nain wan wan,
Ahn dehn put Maik eena wahn van!
Dehn hori rosh Maik dah haaspitaal,
Bot dehn noh fain di yong laydi at aal!

Layta aan ah geh di ripoat,
Dat mai fren Maik deh pahn laif sopoat!
Ahn ah ax miself, "Wai Maik mi insis,
Fi dayt dah gial jos fi get wahn kis?

Now, ih gat aal ah wi di krai,
Ahn di pray to Gaad fi mek ih noh dai!"
Den wahn day Gaad ansa wi pryaaz,
Ahn fainali wi kudami jrai di tyaaz!

Bikaaz eevn di dakta dehn mi sopraiz,
Wen mai fren Maik opn ih aiz!
Ahn tu dis day wen Maik tel da stoari,
Ih bow ih head ahn giv Gaad di gloari!

Wel ah ges Ai noh hafu tel yoh,
Dat Maik noh gooti wid dehn gial nomoh!
Noh evri priti gial hee rosh fi dayt,
Hihn disaid fi chros di Laad ahn wayt!

CHEK OWT FI WEE BILEEZ!

Ih bung pahn di naat bai Meksiko
Pahn di Ees bai di Kyaribeeyan See
Wi aalwayz invait pipl fi kohn
Da dis konchri weh Gaad giv wee
Yoh mos goh da Korozaal
Weh dehn plaant shuga kayn
Deh haadli flod ataal
Ka dehn geh leebit ah rayn

Wen yoh paas Oreenj Waak
Weh di Mestizo dehn liv
Yoo ahn dehn ku taak
Ahn dehn onli laik giv

Wi ku ker yoh baka Shuboon
Wahn lee vilij eena Bileez
Dehn mek fat owta kuhoon
Ahn enjai kool painrij breez

Noh goh da Kaiyo fi goh teef dehn kow
If yoh wahn du faamin dehn wahn shoa yoh how
If yoh waahn sichros goh da Stankrik
Bot noh goh kaaz noa fos, ahn noh goh play noa chrik!
Toledo da di bes plays fi plaant yoh rais
Ahn wen yoh eet it wid beenz ih reeli tays nais

Wi boada bai Gwatimaala
Pahn di sowt ahn wes
Ahn wee ku aalwayz hala
Seh Bileez da di bes!

Ah di chrai inkorij di tooris dehn anaal
Fi vizit Monktin Painrij ahn di Towzan fut faal
Yoo mi noa seh Bileez da wahn yooneek plays?
Ih hav oava too hunjrid keez ahn pipl fahn aal difrant rays

Ih deh eena Senchral Amerika
Ahn ih deh eena di Kyaribeeyan!
Wi vizitaz dehn meri ka
Dehn meet sohn frenli Bileezyan!

Soh if yoh di plan wahn lee vakayshan
Ahn reeli waahn rilaks wid eez
Ah invait yoh da dis ya nayshan
Kohn chek owt fi wee Bileez!

My Book of Poems

Go to School

First Child:
All you children who like to miss school,
Listen to this, just don't be a fool!
Instead of walking about the place,
And have shame thrown in your parent's face!
Go to school as you should,
I'm telling you this for your own good!

Second Child:
Well, let me tell you this my dear,
That is one thing I don't want to hear!
Because I just don't like going to school,
But I know that I'm not a fool!
When I get big, I'll drive sand truck,
I'll make lots of money, cause I was born with good luck!

First Child:
If you wanna be a truck driver man,
You will need to have a very good plan!
You've got to have the distance arrange,
And learn to give people their correct change!
In school, you'll learn how to do Math,
And as a truck driver, you'll need to know that!

Third Child:
Well, I don't have to worry myself at all,
If I want anything, I just make a call
To my aunt in the U EZ ov A,
And she says, "Honey, you don't have to kay!"
So, I won't go to school, I'll watch TV
And when I get big, my aunt will send for me!

First Child:
When you got a letter one day,
You asked me to tell you what it say!
Never stay from school for spite,
Because you must learn how to read and write!
Practice to go to school every day,
Listen to your teacher and learn to obey!

Everyone:
All of you kids in Hattieville,
Must learn the reading and writing skill!
Don't sit back and relax with ease,
Make good grades and big up Belize!
And if we all do the best we can,
We will be some industrious Belizean!

COLUMBUS OR MAYA DAY?

Sometime when I think about Columbus,
It makes me feel kinda nervous,
Just imagine about the way,
They started this Columbus Day!
Because they said that he,
Came from over sea,
With the Nina, Pinta and Santa Maria
To come and discover America!

Well, I have good news for you,
That story is not true!
Long before Columbus was born,
Some people were here planting corn!
The Maya Ethnic group by name,
Should get all this Columbus fame!
He does not deserve all that he got,
What he took from the Maya was a lot!

To me, this story is very old,
That Columbus was looking for gold!
He was heading for East India,
When by chance he reached America!
His eyes glittered when he did see,
This beautiful land that belongs to we!
And on and on the story go,
How they conquered Mexico!

But before any European came,
The Maya people had all the fame!
They were living such peaceful life,
They didn't want to make any strife!
If you go to any Maya site,
You will see that I'm quite right!
The Maya people moved around,
Instead of beating Columbus down!

And the Europeans continued to push,
The Maya people into the bush!
Until they built a little town,
In Toledo, called Uxbenton!
The Maya discovered the use of the zero,
And in reality, he is our hero!
So, all Belizeans should proudly say,
Happy Mundo Maya Day!

DON'T TELL LIES!

One day I decided to take a look,
In the Bible, that precious book!
I turned directly to Acts Chapter five,
And read about how the early church survive.

Then I read about a man and his wife,
How lying caused them to lose their life!
The two of them made a deceitful plan,
After they sold a big piece of land!

Ananias and Sapphira said,
"This is one time we'll trick them!
We'll hide some money behind the shelves,
And keep some of it for ourselves!"

Ananias walked straight into Church,
By then Peter was really touched!
Because the Spirit of God did reveal,
That Ananias and his wife had made a deal!

So, Peter asked him if it's only that,
And Ananias answered, "That is all I got!"
Then Peter asked him, "Why did you try,
To deceive the Lord by telling a lie?

That land always belonged to you,
You could have kept all the money too!
You did not have to come and pretend,

But God will deal with you my friend!"
Then Ananias fell down backway,
And fear came into the church that day!
The people realized it didn't pay to lie,
When they saw Ananias drop down and die!

They witnessed how he fell on the floor,
And some men carried him through the door!
Then three hours after, Sapphira stepped in,
I think she was pretty and her clothes were clean!

But she repeated the lie Ananias did tell,
And she dropped down dead as well!
Because Peter told her how it would be,
That who carried Ananias will she!

The men picked her up off the floor,
And went with her right through the door!
They buried her right beside her man,
For the sake of lying about a piece of land!

Now, everybody can clearly see,
That this message is for you and me!
So, come on and let us try,
To do the right thing and don't tell lie!

P. S. E.

Timmy:
Teacher, my big brother say
He'll take P.S.E. next Monday;
Kayla:
Not only your brother will take P.S.E.
Also, my sister they call Carolee!

Timmy:
So, Teacher how about we?
When will we go sit P.S.E.?
Teacher, please let us do extra class;
I know that all of us will pass!

Harvey:
Boy Timmy, what is wrong with you?
Your head probably needs a screw;
Infant one kids can't go and sit that,
We can't even go and take BJAT!

You take BJAT in Standard three,
And when you reach Six you sit P. S. E.
We'd better start from now, Teach
Because Standard six won't take long to reach!

Timmy:
I don't care what you say at all,
I will study hard while I'm still small;
And if you all should follow me,
We will do well on the P.S.E.

MY TEACHER SAID SO

Mother:
I was trying to help my son the other day
But he was acting in a funny way,
I had his book and he pulled it away,
And started talking about what his teacher says!

Boy, look here! You are already eleven,
I learned these things from I was seven!
Don't be acting as if I'm fool, fool,
In my days Standard six was high school!

Son:
Well, my teacher said Standard six is not enough,
You must go to high school because life is getting tough!

Mother:
Cho! Kids going to high school,
But they are not smarter than we!
What they do in Standard six,
We did from Standard three!

Son:
Okay then Mom, since you are so smart,
Just tell me when Self-government had start!

Mother:
Look here, Boy! It's been long time since that,
So, don't come trying to put me on spot!

Son:
Well, my teacher knows more than you,
She said Belize became a colony in eighteen sixty-two!
And Universal Adult Suffrage was nineteen sixty-four,
My teacher is smarter than you for sure!

Mother:
Boy, look here! I am your mother you know,
Why everything for you is, 'My teacher said so?
I didn't leave school through the back door
I know as much as your teacher or more!

Son:
I wonder if you were taught about eighteen fifteen,
Or if you even know what Adult Suffrage mean!
Of course, Mother! I have it in my note,
That when you turn eighteen you have the right to vote!

Mother:
You're acting as if I don't have sense,
Nineteen eighty-one Belize got Independence!
When you get homework, don't come to me you know,
Because everything for you is, "My teacher said so!

BELIZE, MY BEAUTIFUL HOME

From the north in Corozal to the south in Toledo
You will find friendly people who'll be glad to meet yoh!
It's bound on the east by the Caribbean Sea,
With beautiful landscape and over two hundred key!

Guatemala is in the west and south,
Mexico is in the north by Corozal mouth
If you go to Cayo in the west,
Visit Mountain Pineridge because that is the best!

Be sure to go and see the Thousand Foot Fall,
Then go to Stann Creek don't leave that out at all!
I want you to check out the Jankunu Dance
And taste the hudut if you get a chance.

When you go to Toledo, visit the Blue Creek Cave
Talk to the Maya, and they will teach you how to save!
Because they like to make things out of clay,
And weave cloth in a beautiful way!

I don't want you to forget Orange Walk at all,
That is right next to Corozal!
Listen! People from all language and race,
Come together and visit this place!

Sometimes when I go to visit L.A.
My cousins would encourage me to stay;
I tell them, "Belize is my home you know,
And I love it no matter where I go!

I thank the Lord night and day,
That we can live in such peaceful way;
And I tell people who are looking for some ease,
Just come to Central America and visit Belize!

DON'T SWEAR FOR YOUR KID!

(Miss Palmer)
Well, listen to Miss Makoo she,
Saying that my son climbed her mango tree!
If she had said Kunah, I would believe,
But definitely not my little Steve!

When Steve comes from school, he reads a book,
While he waits until I done cook,
When he reaches home, he doesn't go back out,
So, I don't know what Makoo is talking about!

Then her daughter made up a big ole lie,
And said that Steve punched her in the eye!
But since they don't whip kids in school these days,
The teacher just told him to go think about his ways!

When school is out Steve has to stay back,
And run three times around the race track;
Because that teacher always believe
What Makoo's daughter says about my Steve!

Then Makoo's little son said Steve took his lunch,
And also threatened to give him a punch!
But my son takes lunch to school every day,
So, he could have the strength to work and play!

Steve even told me that they like to tease,
About him taking dried bread and cheese;
Well, I told Makoo to her face,
That my son Steve is no disgrace!

(Makoo)
I'm right over here listening to you,
Talking about what your son didn't do!
I am Makoo, by the way,
Complaining about what your son did today!

(Miss Palmer)
So, tell me Makoo, what is the crime
That my son committed against you this time?
He probably bored holes upon your roof,
And maybe you will tell me that you have proof!

(Makoo)
As a child of God, I don't want to fight,
I prefer to do things that are right;
I will follow the words that Jesus said,
And heap coals of fire upon your head!

Wai-ya-yaiy! Aiy-yaiy! Fire you said?
Please, Neighbor! Don't burn up my head.

(Steve walks in)
Mother, I know that you had no clue,
But all that this lady said was true;
I stole mangoes from off her tree,
Then I shouted that she can't catch me!
I was tired of eating corned beef and rice,
And I took the lunch because it looked nice!

Makoo:
I know what you did was not good,
But I want to do the best I could
To do exactly as the Bible said,
And heap coals of fire on your head!

Miss Palmer:
Fire? Fire? Run Stevie, run!
Let's go home before we get burn!
Imagine how I just couldn't believe
Anything bad about my son, Steve!

To every mother who is listening today,
Don't allow your child to get away,
With wrong doing like Steve's mother did,
Don't swear or cover up for your kid!

THAT'S BEING MEAN!

(Mrs. Burke)
My child came and told me say,
The teacher railed up with her today;
Just because she did not look.
While the teacher was explaining from the book.
I say, that's being mean!

No teacher should scold my lee gyal,
Nor whip her because that's illegal;
So, she's taking things out of my child,
And picking at her for quite a while;
I say, that's being mean!

That teacher who is teaching that class,
Even let my child come in last;
My child told me that she tried her best,
But still the teacher made her fail the test;
I say, that's being mean!

(Teacher)
Let me explain to you, Mrs. Burke,
Your little girl never does homework;
In fact, the other day when you said she was sick,
You were the one who lashed her with stick;
Now, that's being mean!

For a whole week you made her hide,
Because she couldn't on her backside;
You beat the child til she was black and blue,
Your neighbor call and reported you;
Because, that's being mean!

When you treat your child with neglect,
And don't teach her to show respect;
Then you always come making big fuss,
And even that little girl you like to cuss;
Now, that's being mean!

As a parent, you don't just come to school,
To cuss out the teacher and act like a fool;
If you don't take time to help your child,
Learn how to make her life worthwhile,
Then, that's being mean!

As a parent, you must take time to listen,
And help your children learn their lesson;
Don't neglect your children and walk about,
Then find fault with the teacher and talk about;
That's being mean!

MY SON

Last night I was worried about that P.S.E.
And my son going to the city without me;
I stayed up thinking about that all night,
Then I jumped up as soon as I saw day light;

My son is growing up so quickly,
It sometimes makes me feel a bit sickly;
To think that he's not a baby anymore,
And that it's high school he's heading for;

I realize that he's not so small,
So, his size doesn't bother me at all;
What I worry about is to let him go,
To Belize City without me, you know!

The farthest my son is going without me,
Is to Belize City for the P.S.E.
Listen! I still have his navel string,
At my house in a little thing!

My son will live with me all his life,
Even if he gets married and has a wife!
No matter how big my son is,
He'd better not move from where he lives!

I probably sound very selfish, true?
When I talk about my son to you;
Bout I just want you to know how I feel,
Because I love my son for real

THE RUMOR

(Narrator)
I'll tell you about the rumor that was going around,
In a little place called Bethlehem Town;
Well, part of the story is somewhat scary,
About how an angel went to visit Mary!

She was engaged to be Joseph's wife,
But the rumor threatened to destroy her life;
Because, when Joseph found out about the child,
He said Mary was messing around all the while!

(Joseph)
Mary, I just cannot understand,
Why you had to go with another man;
Mary, I love you with all my heart,
But you and I will have to part!

Well Joseph, I don't really wanna boast,
But I got pregnant because of the Holy Ghost;
An angel from Heaven visited me,
And explained how everything would be.

Holy Ghost did what?! It came upon you?
Listen Mary, that can't be true!
To get pregnant you have to go with a boy,
So, please don't come and tell me any lie!

Listen Mary, it's best you go hide
Because I won't be able to make you my bride;
But I don't want to put you through open shame,
I prefer to hide you and take the blame!

Please Joseph, you must understand,
That I didn't go with any other man;
A bright, bright light was all I could see,
When the Holy Ghost came over me!

Well, Joseph went to sleep with doubt that night,
And shortly after, he woke up in fright!
Because the angel of the Lord visited he,
And told him what happened to Mary!

Hear what Joseph, I must tell you,
That everything Mary said is true;
She isn't pregnant for any man at all,
She remained upright and did not fall!

So, Joseph decided he won't be shame,
To marry Mary and take all the blame;
He took care of Mary until Jesus was born;
And treated her with love from dusk until dawn!

Do you know what caused this rumor to start?
It is because God wants our heart;
So, he used Mary, a very young girl,
To bring forth Jesus into the world!

And all we have to do is believe,
Then open our heart to God and receive;
Jesus Christ who is the Lord of the season,
Because that rumor was for a reason!

Allow me to tell you the real reason,
Why we celebrate this Christmas season;
Not for Santa Clause and Christmas tree,
But because of God's love for you and me!

WHEN SCHOOL BELL RINGS

When the school bell rings, we don't have to race,
To get to the line and reach first place;
We can stop playing, or eating, or talking,
We can just politely start walking!

And if we see the little kids run,
We will tell them, 'mind you fall down'
We will be sure to straighten the line,
And we will treat one another fine!

When the school bell rings, we will listen,
And prepare to learn our lesson;
Our teacher will not have to talk all day,
For we will cooperate while we work and play!

When school bell rings at the end of the day,
We will stand quietly, and then we'll pray;
We will copy our homework and clean our class,
And we'll try not to leave the compound last!

Those who live far will ride the school bus,
We'll behave ourselves; we won't cause any fuss!
And we little kids will remember one thing,
To go straight home when the school bell rings!

CHILDREN NOWADAYS

These children nowadays,
Have some ridiculous ways!
I wonder if they get good learning;
They pass and don't even say good morning!

I looked around and said, "Morning, Chile."
She flounced and said, "I see it's morning all the while!"
So, I asked her, "Who is your mother?"
Hands akimbo she asked why I want to know that for!

I shook my head and pondered,
"Where are her parents?" I wondered;
Kids nowadays don't have manners at all,
It's not like when you and I were small!

Then an idea entered my mind,
That as an adult I can probably find,
One or two different ways,
To help these children nowadays!

I must treat them good when they behave bad,
And tell them kind words when they are feeling sad;
I must remember, children are important too,
And that they follow what they see adults do!

So, if I show good example every day,
I can teach them a better way;
Maybe some of them might change their ways,
And be better children nowadays!

Practice What You Preach

(Kooli)
So, what happened the other day, Makoo?
What did Miss Palmer's son do?
Because she told me she could have been dead,
When you threatened to heap coals of fire on her head!

{Makoo}
Girl, I don't wanna bring up what's pass and gone,
I was just telling Palmer a passage I had known;
That when people do you wrong you do good to them instead,
That's the way you heap coals of fire on their head!

{Kooli}
Well, once they mess with me, regardless of who,
I will get them back because I am not like you!
Nobody will mess with me and get away,
I'll surely burn fire, because I don't play!

{Mabel}
But wait Kooli, what about the church that you attend?
Didn't you just say that Jesus is your friend?
You never wanted to miss Church because you had a class to teach,
Now, you better make sure and practice what you preach!

{Makoo}
That is true, Kooli; Mabel is quite right!
We don't go to Church to learn to quarrel and fight,
When we go to Church it's not to watch what people wear;
Or to look around and see who have weave in their hair!

{Kooli}
Girl, I still go to Church, and I try my best,
But I will get them back if they put me to the test!
Sometimes in this life when you are trying to be cool,
People take advantage because they think that you're a fool!

I always attend Sunday School and such,
But if they cross my path, I won't talk too much!
I will fight like Peter and let them take the loss,
Then after I've beaten them, I'll pick up back the cross!

{Mabel}
No Kooli! These children follow us a lot,
And we certainly cannot teach them to do that!
We dear not let them learn how to quarrel and fight,
We must teach them to do things that are right!

If you say that you are Jesus' friend,
You have to follow him until the end!
He did not once put down his cross,
He suffered to save a world that was lost!

So, Kooli I hope you're taking it in,
That not every fight you've got to win!
Continue to go to your church and teach,
But you should always practice what you preach!

Helpful Suzie

Helpful Suzie was so small,
They thought she could do nothing at all!
One day she waited to help fry chicken,
But her mother told her to get out of the kitchen!

When Suzie decided to pick up the broom,
To prove that she can clean the room,
Her sister pushed her out of the way,
And told her, "I don't want you in here today!"

Since nobody likes to wash black pot,
"I can surely do that," Suzie thot!
But when she climbed up on the chair,
Her brother said, "Wait til you get big, Suzie dear!"

Helpful Suzie started to cry,
"You don't even want me to try!
Everybody thinks that I am so small,
That I can't do anything at all!

Well, I will read and write all day,
And teach some little kids while we play!"
And all the adult in the neighborhood,
Said that Suzie started something good!

For Suzie taught the children how to read,
And together they practiced some very good deed!
Helpful Suzie proved that she was not too small,
To reach out to needy adults and all!

So, all of us little kids these days,
Can be helpful in so many ways!
We can help out when the needy call,
Because like helpful Suzie we're not too small!

My Trip to Sibun

One day I walked all the way to Sibun,
To visit some friends and get some cohune;
Down the road, my whole family walked,
And on the way, we just laughed and talked!

But quickly the journey came to an end,
As we all arrived at my friend!
We talked and we laughed and we ate river fish,
When my friend gave us sere in a dish!

After we had relaxed for a while,
My mom said, "You may go into the river, Chile!"
They watched us as we swam that afternoon,
Until the time came for us to leave Sibun!

Well, to make a long story short,
My mother decided it was time to start;
We took a shortcut across the field,
Then a cow started chasing us for real!

The farmer hurriedly climbed up a tree,
While he and his wife were shouting after we!
"Throw the cooler away, because cows don't like red,
Or if you don't do that, all of you go dead!"

I couldn't understand what they were trying to say,
So, I held unto the cooler instead of throwing it away!
And as I looked around, I could see,
That the cow was heading straight toward me!

Well, you should have seen my mother run,
None of us wanted that cow to knock us down!
Then a thought came to me that I should pray,
And ask God to let that cow go another way!

As I started to pray, we reached by the road,
With the red cooler and the rest of our load!
Well, a truck was parked right by the roadside,
And we asked the driver, please for a ride!

When we reached home, I was still out of breath,
Just think about how we escaped our death!
Well, for many years neither fish nor cohune,
Could entice me to take a next trip to Sibun!

DON'T ALLOW ABUSE!

Oh Miss Mary, life is hard for true,
This is a secret between me and you!
How my man treats me like a soccer ball,
And kicks me from the kitchen to the hall!

I don't let my brothers know,
I cover the bruises so they don't show!
And when I go to a public place,
I plaster a big grin on my face!

But Miss Mary, you don't know the pain,
I put up with again and again!
I know you had told me to leave that man,
But Miss Mary, you don't understand!

When he's not around, I miss him bad,
Because he is the first man I ever had!
He is the father of all my kids,
How will I survive if he leaves?

The other day he gave me some money,
And he even said, "I love you, Honey!"
Then he bent down and gave me a kiss,
But we hadn't gone far when I heard him his!

I just looked up and asked him, "Who is she?"
And then he started shouting at me!
He said, "Woman, you better know your place,
Before I slap you right in your face!

He said he wanted no questions from me,
Then he pushed me away, and went with she!
{Miss Mary}
Girl! That's the kind of abuse you are taking?
I wonder why some women are making,

Men take advantage of them day and night?
Listen Girl, we would fight!
Well, I've made up mind now, Miss Mary,
Although it feels a bit scary!

I don't want to suffer until I get ole,
I'll pack up his things and let him role!
I use to always get confuse,
With physical, mental and verbal abuse!

But now, Miss Mary I realize,
That as a woman, I am the prize!
God didn't create me to be a fool,
And allow myself to be used like a tool!

I thank God for this liberty,
That he could really set me free!
I accepted Christ and changed my life,
I don't need to be an abusive man's wife!

I'm not taking slapping and kicking anymore,
Nor put up with gossip by my neighbor!
All of those things have to cease,
Because I wanna live my life in peace!

You women taking abuse for tea, dinner, tea,
I hope that you'll take this advice from me!
Step up! Shape up! Belizean woman,
Don't be taking abuse from any man!

You are beautiful and intelligent too,
So, don't allow anybody to abuse you!
Hold up your head with unity,
And say, "I'm strong, I'm smart, and I'm free!

MY FRIEND, MIKE

My friend Mike had a way,
To go out with girls and squander his pay!
But I would caution him after he flaunted,
And tell him that his money was all those girls wanted!

But my friend Mike wouldn't listen to me,
He'd say, "Boy! Isn't she pretty!
You can just stay here and wait,
While I go and ask her for a date!"

Now, this young lady was talking out loud,
And could have been heard right over the crowd!
Then I realize that she was cussing,
While she and her friend were railing and fussing!

"Well," I said, "Mike, I'll tell you the truth,
You can do better than that, my youth!
There are lots more fishes in the sea,
You don't need to go out with she!"

But my friend Mike went on his date,
Then he and the girl stayed out late!
And instead of going home to his bed,
He followed the girl right under a shed!

Just then, the girl's real boyfriend passed,
In a car that was driving very fast!
Then the strange car started to slow down,
And Mike noticed when he turned around!

As quick as lightening the man pulled out a gun,
And when the girl saw that, she began to run!
But the man just shouted, "Boy! You are dead!"
And he fired some shots towards the shed!

A bullet caught Mike right at his side,
Then the shooter drove off to go and hide!
It was the next morning when Mr. Brown,
Was passing he saw Mike on the ground!

He hurriedly dialed nine – one - one,
And they placed Mike in a minivan!
Then they rushed him to the hospital,
But they couldn't find the young lady at all!

Later on, I got the report,
That my friend Mike was on life support!
And I asked myself, "Why did Mike insist,
To date that girl just to be kissed!"

Now, all of us simply had to cry,
And pray to the Lord, "Please, don't let him die!"
Then one day, God answered our prayers,
And finally, we could dry up our tears!

For even the doctors were surprise,
When my friend Mike opened his eyes!
And to this day when Mike tells that story,
He bows head and gives God the glory!

Well, I guess you can tell for sure,
That Mike doesn't squander on girls anymore!
It's not any pretty girls anymore,
It's not any pretty girl he'll ask for a date!

Well, I guess you can tell for sure,
That Mike doesn't squander on girls anymore!
It's not any pretty girl he'll ask for a date,
He will just trust the Lord and wait!

Check Out Our Belize!

It's bound on the north by Mexico,
On the east by the Caribbean Sea;
I always invite people to come
To this country God gave to me!

You must go to Corozal,
Where they plant sugar cane!
It hardly floods at all,
Because they get just a little rain!

When you pass Orange Walk,
Where the Mestizos live,
You and those people can talk
And they really like to give!

We can take you to Freetown Sibun,
A little village in Belize,
They make cooking oil from Cohune,
And enjoy cool Pineridge breeze!

Don't go to Cayo to steal a cow,
If you want to do farming, they'll show you how,
If you want citrus, go to Stann Creek,
But don't cause any fuss, and don't play any trick!

Toledo is the place to plant your rice,
And when you eat it with beans, it really tastes nice!
We're bordered by Guatemala on the south and west,
And we can always hallah,
That Belize is the best!

I'm trying to encourage tourists and all,
To visit Mountain Pineridge and the Thousand – foot Fall!
Did you know that Belize is a unique place?
With over two hundred keys and people of all different race!

Belize is in Central America,
As well as in the Caribbean!
Our visitors are merry because,
They meet some friendly Belizean!

So, if you're planning a little vacation,
And you want to relax with ease,
I'm inviting you to this nation,
Come and check out our Belize!

ABOUT THE AUTHOR

Sharon was one of ten children born to Mrs. Gloria Clarke Meighan and Uriel Maine. She grew up in Hattieville and attended Saint Mark's Anglican School which later became Hattieville Government School, when it was amalgamated with the Saint Jude's Catholic School, in the year 1971. She graduated from Nazarene High School in 1979, and began working as an Upper Division teacher at Pilgrim Fellowship Mennonite School until 1981when she moved to the Salvation Army School. On December 18, 1983 she was joined in marriage to Mr. Reuben Mejia which yielded three beautiful children: Golda, Lovoy, and Lovel.

Mrs. Mejia attended the Belize Teachers' Training College and graduated in 1994. She completed Level Two Teacher Training in 2002, and in 2007 she graduated from the University of Belize with a Bachelor of Science degree in Primary Education. In 2009, Mrs. Mejia attended Nova Southeastern University of Fort Lauderdale Florida from which she graduated with a Master of Science degree in Education with a specialty in Teaching English as a Second Language (TSOL).

She has been writing stories and poetry from the age of nine, and enjoys writing both English and Belize Kriol. Her literature can be used to enhance the teaching of the English Language, and as a form of entertainment at the Primary, Secondary and Tertiary Levels.

Comprehension

Read each poem carefully, then complete the following exercises.

Exercises 1 Unu Goh Da Skool   (Go to School)

1. To whom was the writer speaking?
2. According to the third verse of the poem, what subject is very important in order to become a truck driver?
3. Explain what the writer means by "Neva stay weh fahn skool foh spait".
4. What do you believe would happen if all children stop attending school?
5. Write an essay discussing reasons that might cause students to skip classes, and some possible solutions.
6. Which word in the poem is synonym to the English word concern?

Exercises 2 Kolombos Er Maiya Day? (Columbus or Maya Day?)

1. What were the names of Columbus's ships?
2. Give some similarities and differences between the Maya and European people.
3. How can you distinguish between the East Indians and people of the West Indies?
4. Do you believe that October twelve should be celebrated in honor of the Maya Ethnic Group? Explain why or why not.
5. What part of speech is the word 'mi-di' as used in the Kriol language (verse 4)?
6. Do you think it was a good or bad thing for the Maya people to move away? Give a reason for your answer.

Exercises 3 Noh Tel Lai (Don't Tell Lies)

1. What was the main idea of the story?
2. Do you know another instance where someone was caught telling lies?
3. If Sapphira had told Peter the truth, what might the ending have been?

4. What part of speech is the word '*wahn*' in verse one? What part of speech is the word '*wahn*' in verse three, line three?
5. Can you see a possible solution to the problem of lying? Create an outline and discuss with a friend.
6. Invent a new ending and rewrite the story.

Exercises 4 Pee Es Ee (P. S. E.)

1. Who was it that asked the teacher to start doing extra classes?
2. What is the meaning of PSE?
3. What does BJAT stand for?
4. Imagine you are the teacher and develop a plan for extra classes with Infant one students.
5. Explain what you understand from the statement '*fi yu hed mosi need a skroo*'.
6. Invent another title for the poem.

Exercises 5 Mai Teecha Seh Soh (Mai Teacher Said So)

1. Write a homonym for the word chree.
2. Draw pictures to illustrate how the word chree is used in the skit.
3. How does the boy value his teacher? Give a reason for your answer.
4. Find a kriol word that is synonym to the word certainly.
5. In verse six the mother told her son, '*Ai neva lef skool chroo di bak doa*'. What does the phrase, '*chroo di bak doa*' mean?
6. Find a kriol word that is antonym to the word less.

Exercise 6. Bileez, Mi Byootiful Hoam (Belize, My Beautiful Home)

1. Do you think that the Poet enjoys traveling to the United States? Give a reason for your answer.
2. The John Canoe Dance is done by which Ethnic group in Belize? What is the Kriol name for the dance?
3. In which district is the Thousand Foot Falls, and why is it so called?
4. Find a word in the poem that is homonym to buy.

5. The word bil is used as what part of speech in verse five?
6. What part of speech is the word Ah?

Exercise 7 Noh Sway Fi Yu Pikni   (Don't Swear For Your Child)

1. What part of speech is the word Di in verse one line two? Translate to English.
2. What gender is the word daata?
3. Which word in the poem is synonym to the word behind?
4. What do you think Maku meant by '*heep koalz ah faiya pahn yoh hed*'?
5. Find an antonym in the poem for the word rait.
6. Write a story about a mango tree that you noticed on your way home from school. Read your story for a friend.

Exercise 8 Dat Da Chaans! (That' Being Mean!)

1. Which word in the poem is synonym to the word scold?
2. What part of speech is the word tideh?
3. The word chaans means risk, but in this poem what does it mean?
4. Name at least three types of abuse cited in the poem.
5. Do you think the teacher did the right think to answer Miss Burke? Give a reason for your answer.
6. Write the rest of the story in your own words explaining what Miss Burke did when she went home that day, and every day until her child graduated from school.

Exercise 9 Mai Son   (My Son)

Circle the letter that answers the question best.

1. Who was worried about the PSE?
   (A) The son
   (B) A mother
   (C) A teacher
   (D) All of the above

2. Did the son ever travel to Belize City by himself?
    (A) Sometimes
    (B) Always
    (D) Seldom
    (D) Never

3. The word kaina is synonym to which of the following words?
    (A) Somewhat
    (B) Kindness
    (D) Type
    (D) Coin

4. What is the English word for naybl?
    (A) Nayli
    (B) Navel
    (E) Nasal
    (D) Nature

5. What part of speech is the word naybl?
    (A) Verb
    (B) Noun
    (C) Adverb
    (D) Pronoun

6. What part of speech is the word Ai?
    (A) Verb
    (B) Noun
    (C) Adverb
    (D) Pronoun

Exercise 10 Di Rooma (The Rumor)

1. What part of the story would you consider Bethlehem to be? It is the
    (A) Setting
    (B) Main Character
    (C) Title
    (D) All of the above

2. Which of the following is synonym to the word paat?
    (A) Haat
    (B) Marry
    (C) Separate
    (D) Fight

3. If groom is masculine gender, which word is feminine gender?
    (A) Broom
    (B) Braid
    (C) Goas
    (D) Daan

4. Which of the following words is an adjective?
    (A) Dat
    (B) Klaaz
    (C) Ya
    (D) Unu

5. Which of the following words is synonym to the word rooma?
    (A) Season
    (B) Room
    (C) Scandal
    (D) Reason

6. What would you consider this story to be?
    (A) Fact
    (B) Fiction
    (C) Fairy Tale
    (D) Folklore

Exercise 11 Wen Skool Bel Ring (When School Bell Rings)

1. Which of the following words is antonym to the word kwaiyat?
    (A) Quiet
    (B) Naizi
    (C) Silent
    (D) Polaitli

2. The word koaparayt means to
    (A) set apart
    (B) Stay near
    (C) Own jointly
    (D) Work together

3. The person speaking in this poem is a
    (A) Community Worker
    (B) Parent
    (C) Student
    (D) Teacher

4. The English spelling for the word chroo is
    (A) Through
    (B) Threw
    (C) Throw
    (D) Though

5. What part of speech is the word kleen in verse four?
    (A) Noun
    (B) Pronoun
    (C) Verb
    (D) Adverb

6. The words FOS used in verses one and five are called
    (A) Antonyms
    (B) Synonyms
    (C) Digraphs
    (D) Homographs

Exercise 12 Pikni Nowadayz (Children Nowadays)

1. In line three of verse one, laanin means
    (A) Training
    (B) Learning
    (C) Lashing
    (D) Scolding

2. What part of speech is the word KAAZ in line four of verse one?
    (A) Verb
    (B) Conjuction
    (C) Adverb
    (D) Interjection

3. Who is speaking in this poem? A/An
    (A) Man
    (B) Girl
    (C) Boy
    (D) Adult

4. What part of speech is the word aks in verse two?
    (A) Noun
    (B) Verb
    (B) Pronoun
    (D) Adverb

5. Spell the word ridikyoolos in English and give its meaning.
6. Use verse five of this poem to plan a class debate. Write your pros and cons in essay form and discuss.

Exercise 13 Praktis Weh Yu Preech   (Practise What You Preach)

1. Explain what it means to '*dig op weh paas ahn gaan*' in verse two.
2. What does the phrase 'bon faiya pahn dehn means in verse three?
3. Do you agree with Kooli's way of handling adverse situations? Why or why not?
4. Do you agree with Maku's statement in line two of verse ten? Why or why not?
5. Write an essay explaining what it means to 'Praktis weh yoh preech' do a research to make your argument strong.
6. Get into groups and dramatize the story. You may add more characters and make up additional scenes.

Exercise 14 Helpful Soozi (Helpful Susie)

1. Who was frying the chicken?
2. Do you think Susie should have been allowed to help in the kitchen? Explain why you think the way you do.
3. Who pushed Susie out of the room and why?
4. Why did Susie pull the chair, and who stopped her?
5. Write a letter to Susie's siblings explaining to them why you think they should allow her to do some of the chores.
6. Do you think Susie became a nurse or a teacher? Give a reason for your answer.

Exercise 15 Mi Chrip Baka Shuboon (My Trip To Sibun)

1. Do you think this story is based on the writer's own experience? Give a reason for your answer.
2. What is Sere?
3. Why did the farmer climb up the tree?
4. Which word or phrase in the poem means to get rid of?
5. Give the English translation for 'ares'
6. Rewrite this story in the Third Person.

Exercise 16 Noh Low Abyooz! (Don't Allow Abuse)

1. What is the meaning of Tunu baal?
2. Why did Miss Mary's friend remain in the abusive situation for so long?
3. Name the forms of abuse mentioned, and give examples of each that was indicated in the story.
4. What does the phrase *'Mek hee roal'* means?
5. Do you believe that Miss Mary's friend got out of the abusive situation? Give a reason for your answer.
6. Imagine this was your own mother speaking to Miss Mary, and write what happens next. Explain how the children survived and what became of the father.

Exercise 17 Mai Fren Maik   (My Friend, Mike)

1. Which of the following words is a synonym to the word *'gooti'* in verse one, line two?
    (A) Skwanda
    (B) Play
    (C) Goh owt
    (D) Mek fren

2. Which of the following words is antonym to the word *'schraynj'* in verse six line three?
    (A) Fameelya
    (B) Foni
    (C) Nyoo bran
    (D) Oal

3. Which of the following words is NOT a homonym to the word *'rait'*?
   (A) Write
   (B) Right
   (C) Rate
   (D) Rite

4. Which of the following is the correct English spelling for the word *'rang'* in verse fifteen, line two?
   (A) Ring
   (B) Wring
   (C) Rong
   (D) Wrong

5. What do you think happened to the girl that ran when Mike got shot? Explain why you think the way you do.
6. Rewrite the story as if Mike had listened to his friend's advice.

Exercise 18. Chek Owt Fi Wee Bileez! (Check Out Our Belize!)

1. If you are driving from Mexico, you will pass through Corozal and Orange Walk before reaching the Belize District. Explain why Orange Walk is known as the Sugar City.
2. Based on the poem, which Ethnic group settled in the Orange Walk District?
3. Read verse four carefully and give the name of the district in which Freetown Sibun is located.
4. Give the name of the district where oranges are produced. How do you know?
5. Which district is known for the cattle industry? How do you know?
6. Draw and label the map of Belize with its boundaries and districts. Use pictures to illustrate the uniqueness of each district. (You may need to use an Atlas of Belize as your guide).

Glaasri/Glossary

Many Belize Kriol words originated from African languages dating back to Slavery. Some of the the words also derived from Spanish origin due to the influence Spanish conquistadors and Missionaries in the sixteenth century. Also, numerous Miskito words were borrowed from the speech of the Miskito *'Indians'* who worked in the Timber Industry during the Slavery and post- slavery days. Note that the Ai has the long I sound, the ay has the long A sound, and when the letter a is doubled, it gives the drawn out sound of as in the word waata meaning water.

a   hat; pat
Aa   aal (all); aaf (off)
AI   Ai (I); faiv (five); rait (right)
ay   ayj (age); fays (face)
b   beri (berry, bury)
c   ch cherch; choch (church); chrok (truck)
d   dai (die); ded (dead); deh (there)
e   eni (any); evri (every)
ee   eez (ease) eech (each)
f   fa, fi, foh, fu   (for)
g   gat (got; have)
h   hafu (have to) heg (annoy)
i   ih (he, it, she)
j   jaiyant (giant); jomp (jump)
k   kyat (cat)
l   laas (last)
m   mai (my)
n   naiz (noise); nayba (neighbor)
o   hoam (home); op (up); owt (out);
oo   chroo (through, true); too (too,two)
p   pain (pine apple); pan, pahn (upon)

q   kween (queen); kwik (quick);
r   ris (risk, wrist)
s   said (side); seekrit (secret)
t   tik (thick,tick)
u   uman (woman); uda (would)
v   vilij (village); valees (suitcase)
w   wat (what); wen (when)
x   beks (vex); siks (six)
y   ya (here); yela (yellow)
z   zeel (zeal); zoan (zone)

Kriol to English

Aada *verb* order, command - Di polees aada aal di bwai dehn fi neel dong pahn di grong. The police ordered all of the boys to kneel on the ground.

Aada *noun* command, order - Wan a di bwai mi rifyooz fi tek dat deh aada fahn di polees. One of the boys refused to take that order from the police.

Aada *verb* order - Ai di aada da buk anlain, kaaz wen Ai aada ting fahn ya dehn tek lang fi diliva eniway. I am ordering the book online, because when I order things from here they take long to deliver them anyway.

Ah *pronoun* I - Ah noh si weh hapm neks bikaaz ah had woz tu kech di bos. I didn't see what happened next, because I had to catch the bus.

Ai *pronoun* I - Ai noh andastan lata Spanish, jos wahn lee bit. I don't understand a lot of Spanish, just a little bit.

Aks *verb* ask - Aks yoh big sista fi ker yoh da Choch fi di Krismos Proagram. Ask your big sister to take you to Church for the Christmas Program.

Aks *noun* axe - Ai noh noa how hee chap dong da big chree wid da kunku axe! I don't know how he chopped down that big tree with that very small axe.

Aldoa *conjunction* although, though - Aldoa yoo tel Moli yu di invait ahn da yoh Wedn, ih seh shee noh gwain kaaz, yoo neva giv ahn wahn invitayshan kyaad. Although you told Molly that she was invited to your Wedding, she said that she is not going because, you di not give her an invitation card.

Ares *verb* arrest - Di polees ares di man weh brok eena wi skool. The police arrested the man who broke into our school.

Ares *noun* - Dehn giv ahn ekschra chaajiz sayka rizis ares. They gave him additional charges for resisting arrest.

Ares (variant) res, er els, or else - Noh ron fahn di daag res ih wahn chays yoh ahn bait yoh. Do not run from the dog or else he will chase you and bite you. Gi mi sohn, ares ah wahn tel Ma seh yoh teef di kaasham. Give me some, or else I will tell Mom that you stole the corn meal.

Ataal *adverb* at all - Shee laik bayg ahn Ih noh waahn shayr ataal, ataal!She likes to beg and doesn't like to share at all.

Baan *verb* born, give birth to - Hihn taak Kriol gud fi si ih baan ahn groa da Inglan. He talks the Belize Kriol very well seeing that he was born and raised in England. Ah tel mi kozn dat ih kud stay da mi hows til ih don baan ih fos baybi. I told my cousin that she can stay at my house until after she has given birth to her first baby.

Bada *verb* bother, annoy, hassle - Mee noh di bada maiself wid dat deh hoamwerk rait now. I won't let the homework bother me right now.

Baka behind, go somewhere on the outskirts of Town - Les goh baka Shuboon. Let us go on the outskirts of Hattieville to Freetown Sibun.

Bakway *adverb* backwards - Wen dat deh fits mi tek hihn, ih faal dong bakway ahn nak ih hed pahn di floa. When he took in with the seizure, he fell backwards and hit his head on the floor.

BJAT Belize Junior Achievement Test - Di Standad foa klaas du BJAT rait da di skool, bot dehn teecha noh low fi stay eena di klaasroom wail dehn di du it. The Standard four students do BJAT at the school, but their teacher is not allowed to stay inside the classroom while they are doing it.

Breda *noun* brother - Ai mi gat wahn breda nayhn David,bot ih don ded. I had a brother named David, but he passed away already.

Chaans *noun* chance, opportunity - I will take the chaans and and go out during lunch break.

Chaans *verb* risk - I wonder if I should chaans it to go out tonight in this cold.

Chaans *verb* take unfair advantage of - Mai pa tel mee dat Ai noh fi mek noa badi chaans mee. My dad told me that I should not allow anyone to take advantage of me.

Chaynj *verb* change to put one thing in place of another - Yoh ma seh mek yoh chaynj da yoonifaam bifoa yoh mek Ih geh doti. Your mother said that you should take off your uniform before it gets dirty.

Chaynj *verb change* - Pleez chayj dis moni fi mi mek ah kech di bos. Please change this money for me so that I can catch the bus.

Chaynj *noun* money given in smaller denomination- Gyal, mee noh ga nof moni fi chaynj hoala wahn honjrid dalaz! Girl, I don't have enough money to change a hundred dollars.

Choch *noun* Church, place of worship - Sohn pipl goh da Choch pahn Sondeh, ahn sohn goh pahn Sachudeh. Some people go to Church on Sundays, and some attend on Saturdays.

Chree *noun* tree Wahn mengo chree deh rait said a di hows. A mango tree is right beside the house.

Chree *adjective* three, answering how many - Ai ga chree breda. I have three brothers.

Chretn *verb* threaten - Ih chretn fi beet mi op if ah tel Teecha seh ih kapi. She threatened to beat me if I told Teacher that she cheated.

Chrik *verb* trick, deceive - Ai noh wahn chrik yoh laik weh hihn mi du. I will not trick you like he did.

Chrik *noun - trick -* Hihn play wahn chrik pahn ih sista bikaaz da mi Aal Foolz Day. He played a trick on his sister because it was April's Fool Day.

Chrok *noun* truck - Mai pa bai wahn nyoo san chrok yestudeh. My father bought a new sand truck yesterday.

Chroo *adjective* true - Da stoari bow Joazef ahn Mayri da mi wahn chroo chroo stoari. That story about Joseph and Mary was a true story.

Chroo *adverb* through - Dehn laik jraiv chroo dis vilij tu faas. They like to drive too fast through this village.

Chroot/schroot *noun* truth - Yoh fi aalwayz tel di schroot ahn shaym di debl. You are always suppose to tell the truth and shame the devil.

Chyaa/chayr *noun* chair - Mek wi sidong pan di chyaa wail wi wayt foh Leesa. Let us sit on the chair while we wait for Lisa.

Chyaa *verb* cheer - Wi kud goh da di gaym ahn chyaa fi wi frenz wail dehn di play. We can go to the game and cheer for our friends while they are playing.

Da (*focus marker*) It is, it was - Da mi wahn rayni day wen di ladi geh marid. It was a rainy day when the lady got married.

Da *preposition* at -   Shee deh da di paati wid ih fren. She is at the party with her friend.

Da (*Question marker*) Da weh yoo naym? What is your name? Da hoo shee? Who is she?

Da *verb* is, are - Dehn ya da di ansaz fi di tes. These are the answers to the test.

Da *adjective* that - Mee noh laik si da jres pahn yoo kaaz ih luk laik heng pahn fens. I don't like to see that dress on you because it looks far too big.

Dat *conjunction* that - Teecha seh dat wee ku reed wahn buk weh wee chooz wen wi don wid Mat. Teacher said that we may read a book of our choice when we are finished with the Math.

Dakta *noun* Di dakta gi mi sista chree injekshan aredi. The doctor gave my sister three injections already.

Deh *verb* am, is, are - Di lee gyal deh da skool. The little girl is at school. Wee deh hoam di finish wi werk. We are at home finishing our work.

Deh *adverb* Put di buk op deh. Put the book up there.

Dehn *pronoun* they, them - Dehn di oava skool soon tideh saaka PTA meeting. They are dismissing classes early today because of the PTA meeting.

Dehn *pronoun* them - Da fi dehn. It belongs to them.

Den *adverb* Ah gwain dah shap goh bai Ees fos den ah wah kohn need di bred. I am going to the shop to buy Yeast first, and then I will come and knead the bread.

Di *adjective/article* the - Di bud dehn kohn pik aal ah di raip mengo dehn aafa di chree. The birds came and picked all of the ripe mangoes off the tree.

Di *verb* -ing (present continuous tense marker) Teecha di taak, ahn dehn pikni di mek lata naiz. Teacher is talking, and those children are making a lot of noise.

Dina *noun* main meal dinner (generally eaten at midday)-Wi yoos tu goh hoam goh eet wi dina wen skool oava twelv aklak We used to go home and eat our dinner during lunch break.

Dis *adjective* this - Dis pers da fi mi ma.This purse is for my mom.

Doa *noun* door - Pleez shet di doa mek flai noh kom eena di hows. Please close the door so flies won't come into the house.

Doh conjunction though - Mi teecha neva sen mi fi brayk, bot ih mek ah gaahn yooz baatroom doh! My teacher did not send me for break,but she allowed me to use the bathroom though!

Dong *adverb* Goh put dong da baybi kaaz yoh wahn mek ih geh yoos tu han. Go and put the baby down because all he/she will get used to being held up.

Eebm/eevn *adjective* even- Mai hyaa eebm, eebm wen shee kot it. My hair gets an even cut when I allow her to do it.

Eebn/eevn *adverb* Eevm di lee pikni dehn mi kwaiyat wen dah man deh staat ah preech. Even the children were quiet when that man started to preach. (Kriol say dong tu,op tu, and fahn in place of eevn sometimes.) Dong tu di pikni dehn stay kwyat wail di man mi-di preech. Even the little ones were quite while the man was preaching.

Eech *adjective* each - Eech wan a dehn oan wahn kaa. Each of them owns a car.

Eech *verb* itch irritate or cause an organ of the body to be inflamed or sore. -Wen aans bait mee, mai skin eech mee fi lang. Whenever I get bitten by ants, my skin itches for a long time.

Een *adverb* in, into - Pik een dehn cloaz bifoa ih staat a rayn. Take the clothes off the line before it starts to rain.

Eena *preposition* in, into - Mek shoar yoh get eena dis hows bifoa siks aklak. Make sure you get into the house before six o'clock.

Enop /en op *verb phrase* end up, result in being - If yoo kantinyu bang hooki fahn skool, yoh wahn enop rait da Hostel. If you continue to play truant from school, you will end up at the Youth Hostel.

Faada *noun* Father God in Heaven, Wee wahn pray to di Faada abov. We will pray to the Father in Heaven.

Faada *adverb* farther at a greater distance Di nyoo hows big ahn priti, priti, bot ih deh faada fahn weh wee liv rait now. The new house is big and very pretty, but it is at a farther distance than where we live presently.

Faam *noun* farm - Di faama plaant lata kustad aapl chree pan di faam. The farmer planted lots of custard apple trees on the farm.

Faam *noun* form, shape Ai noh laik wayr kloaz weh shoa aal mai faam. I do not like to wear clothes that show all of my shape.

Faam *noun* form, document - Yu hafu ful owt wahn aplikayshan faam wen yoh waahn wahn paaspoat. You have to fill out an application form when you want a passport.

Faam *verb* form, pretend - Shee noh sik fi chroo, ih jos put ih hed pahn di des ahn di deh di faam mek Teecha sen ahn hoahn! She is not sick, she is just putting her head on the desk, and pretending so that Teacher will send her home.

Faar *noun* far - Di man waak fahn faar fi kohn bai groashriz. The man walked from far to come and buy groceries.

Faas *adverb* - Mee yer seh di man mi-di jraiv tu faas ahn dats mek ih skrash. I heard that the man was driving too fast and that's why he crashed.

Faas *verb* abstain from food - Mek wi faas ahn pray fi pipl weh di schrogl eena laif. Let us fast and pray for people who are struggling.

Faas *verb* interfere, meddle - Dehn di kweschan yoh, bot dehn noh wahn help yoh, dehn onli waahn faas eena yu bizniz. They are questioning you, but they will not help you, they only want to meddle in your business.

Fala *verb* follow - Da lee gyal di fala bad kompni, ahn ih wahn enop da di rang plays. That little girl is following bad company, and she will end up in the wrong place.

Faiya *verb* throw - Di laydi faiya wahn paint afta di man weh asaalt ahn. The lady threw a pint after the man who assaulted her.

Flonks *verb* flounce - Linda ma beet ahn saaka flonks wen di teecha mi-di taak tu ahn. Linda's mom whipped her because she flounced when the teacher was speaking to her.

Fufu *noun* Mashed ripe plantain in coconut milk - Mai ma yoos tu mek nais sere wid fish ahn fufu. My mother made delicious sere with fish and fufu.

Fool *verb* deceive or trick - Noh mek dehn yong bwai fool yoh, Honi. Do not let those young men deceive you, Honey.

Fool-fool *adjective* foolish, stupid - Edna mek da man gat ahn fool-fool di brok op ahn mek op evri minit wid ih mowt ful a lai! Edna looks stupid breaking up and making up with that man every so often when tells her a whole lot of lies!

Ga *verb* has, have - Mai sista ga wahn priti,priti jres. My sister has a pretty dress.

Mi aanti seh ih noh ga di moni fi goh da haaspitaal, soh ih jrink lata bush medisn. My aunt said that she does not have money to go to the hospital, so she drinks a lot of bush medicine.

Geh *verb* get - Shee sidong eena da soafa aal day ahn aada pipl fi geh ting fi ahn. She sits on that sofa all day and order people to take things to her.

Gi *verb* give - Ah aks ah weh ih waant ah gi ahn fi Krismos, bot ih noh ansa mi. I asked her what she wanted me to give her for Christmas, but she did not answer me.

Goh *verb* go - Ah waant yu goh bring da big baks foh mi fahn oava deh. I want you to bring that big box from over there.

Gooti *verb* Spend money lavishly, squander (Applies to males) Daan laik man weh gooti pahn shee. Dawn likes men who squander their money on her.

Gud *noun* good - Praktis fi du gud ahn ih wahn kohn bak tu yoh. Practice to do good and it will come back to you.

Gud *adjective* good - Chaali da wahn gud lee bwai eena mi klaas. Charlie is a good little boy in my class.

Ha/hav *verb* have - Dehn di ha wahn daans Fraideh nait, bot mee noh gwain deh ataal! They are having a dance on Friday night, but I won't go there at all.

Haad *adjective* hard - Mee mi-di chrai laan Spanish, bot ih haad! I was trying to learn Spanish, but it's difficult.

Haad *adjective* firm, stiff, tough - Dehn ya haad kotobroot wahn brok fi mi teet if I chrai bait dehn. These tough coconut sweets will break my teeth if I bite into them.

Haad *adjective* loud Dehn bwai laik ha dehn bum baks di beet owt haad eena dehn kaa. Those guys like to have loud music in their cars.

Haal *verb* haul, pull - Pleez help mi haal da hebi taybl fahn deh. Please help me pull that heavy table from there.

Haal *noun* hall, living room, parlour Alis di sidong rait eena di haal di wach Tee Vee. Alice is sitting in the living room watching television.

Hafu/hav tu *verb* must, have to - Sindi wahn kyaahn goh da Laibri wid wee kaaz ih hafu main ih lee sista. Cindy will not be able to go to the library with us because she must take care of her little sister.

Hee, hihn *pronoun* he, him - Jaymz paas hee wan eena ih kaa, bot hihn noh stap fi noabadi. James passed by himself in his car, but he didn't stop for anybody.

Ih *pronoun* it, he, she Ih di rayn rait now, soh Ai noh gwain play owtsaid. It is raining right now, so I won't go outside to play.

Jos *adverb* just, only, merely- Shee jos kom eena di hows ahn ih don gwain bak owt agen kaaz ih gat popi fut. She just came into the house and is going out already because she has roaming tendencies.

Jraiv *verb* - Mai breda laan fi jraiv fahn hee mi sebn. My brother learned to drive from the time he turned seven.

Kaa *noun* car - Onli too taim Ai raid eena dis ya kaa. I only rode in this car twice.

Kaal *verb* call - Wen yoh payrens kaal yoh, lef weh yoh di du ahn goh si weh dehn waahn. When your parents call you, leave whatever you are doing to go and see what they want.

Kaas *verb* cost - Da jress wahn kaas tu moch, soh Ai noh di bai it ataal ataal. That dress will cost too much, so I won't buy it at all.

Kaas *noun* cost - Wen shee reeli waahn sohnting, shee noh wori bow di kaas, shee stil bai it. When she really wants something, she doesn't worry about the cost, she still buys it.

Kaaz *verb* cause - Da yer sista kaaz di hoal ting saaka gaahn kos owt di pipl dehn. It's your sister who caused this mishap because she cursed the people.

Kaaz *conjunction* because - Peeta neva gaan da skool, kaaz ih mi sik. Peter did not go to school because he was sick.

Kay *verb* care, be concerned - Shee noh kay fi du beta wen yoh taak tu ahn bout ih kandok, kaaz ih ma ner ih pa noh kay. She does not care about doing better in her conduct,because her mom and dad show no concern.

Kohn/kom *verb* come - Kohn mek wi reezn tugeda, Mis. Come let us reason together, Miss.

Kos *verb* curse - Noh cos owt pipl,kaaz yoo noh waant noabadi kos yoo owt.Do not curse people,because you do not want anyone to curse at you.

Kos *noun* curse - Chreet oal peepl wid rispek, er els yoh bring wahn kos pahn yuslef. Treat the elderly with respect, or else you will bring a curse on your life.

Ku/kud *verb* can - Ai ku ker di lonch foh Saydi dis aftanoon. I can take the lunch for Sadie this afternoon.

Kudn *verb* couldn't - Ah kudn mi shooz fi mach dis jress tideh. I couldn't find my shoes to match this dress today.

Laaf *verb* laugh - Dehn wan midi laaf aata mi wen ah seh di ansa bikaaz deh neva noa seh dat da mi di karek ansa. They were laughing at me when I said the answer because they did not know that it was the correct answer.

Laanin *noun* teaching, training - Dehn pikni noh geh gud laanin ataal. Those kids do not get proper training at all.

Laas *adjective* last - Shee aalwayz hafu bee di laas wan fi kom owt a di hows. She always has to be the last one to come out of the house.

Laas *verb* lost - Di lee gyal laas ih lonch moni wen ih midi play Hapskach. The little girl lost her lunch money while she was playing Hopscotch.

Laik *verb* like Wee laik wen da teecha kom eena fi wee klaas, kaaz hihn ker wee fi Pee Ee . We like when that teacher takes over our class, because he takes us for Physical Education.

Laik *adjective* (the same way as) Da lee bwai luk jos laik ih pa. That little boy looks just like his dad.

Lef *verb* leave, depart - Ai lef skool erli tudeh bikaaz mai teecha gaan da Yoonyan Meetn. I left school early today, because my teacher went to Union Meeting.

Lef *adjective* position as opposed to right - Ih haid ih lef han bihain ih bak mek wee noh si di skaar. He hid his left hand behind his back so that we could not see the scar.

Lef *adjective* left, remaining - Dis da di laas bred weh lef, soh yoh eeda tek it er lef widowt. This is the last bread remaining,so you either take it or stay without.

Ma *noun* mother - Foh shee ma noh mek shee play wid wee. Her mother does not allow her to play with us.

Mai *pronoun, adjective, Emphatic* my - Mai sista shee da baas a mek blak kayk! My sister is the chief baker when it comes to making black cake.

Mee *pronoun first person subjective form of 'Ah'* me, I - Mee noh gaan eena fi dehn yaad, soh ah noh noa weh dehn di taak bout! I did not enter their yard, so I have no idea what they are talking about.

Mengo *noun* Mai pa tel di man mek ih kot dong di chree, bikaaz mengo stay di jrap pahn wi hows tap. My father told the man to cut down the tree, because mangoes kept falling on our roof.

Mi verb past tense marker - Ah mi si Jeni wen ih kohn faahn Stayts,bot ih seh shee noh memba mee. I saw Jenny when she came from the States,but she did not recognize me.

Moa *adjective* more - Ah ga moa rais dan ah need, soh yoh ku sen fi sohn. I have more rice than what I need, so you can send for some.

Mosi *Auxiliary verb* must be - Mi fren mosi di wanda wai Ah noh kaal ahn, bot mi foan spail. My friend must be wondering why I did not call her yesterday, but my phone is ruined.

Naybl *noun* navel - Fi hihn naybl shub owt weh ih baal soh moch. His navel is pushing out because he cries too much.

Nayli *adverb* nearly, almost - Wi nayli neva kohn sayka weh wi brok dong pahn di road. We almost did not come, because our car broke down on the road.

Nayshan *noun* nation - Gaad seh dat eena fi Hihn sait, dis hoal nayshan dah laik wan jrap a waata eena wahn bokit. God said that in His sight, this whole nation is like a drop of water in a bucket.

Neks *adjective* next - Neks yaa dehn gwain da Saahn Payjro goh selibrayt dehn fos aniversri. Next year they are going to San Pedro to celebrate their first Wedding Anniversary.

Neva (neba) *adverb* - never, did not *(when fowl ga teet)*- Da man loan seh dat ih wahn fix mia kaa, ahn hee neva fain taim foh du it. Wel,ih mosi wahn du it wen fowl ga teet! That man keeps promising to come and fix my car, but he never finds time to do it.Wel,he will never keep that promise!

Noa *verb* know - Shee di kot ih aiy aata mee, ahn mee no noa shee fahn Adam! She keeps looking at me and turning her eyes away as if she is angry with me,but I have never seen her before!

Noh *adverb* not - Ai noh si wai Teecha mi hafu ponish di hoal klaas ahn noh evribadi mi-di gi chrobl. I can't understand why Teacher had to punish the whole class when not everyone was giving trouble.

Noh *interjection noh chroo? (Isn't that so?)* - Yoo stay di misop skool! Yoo waahn looz da PEAT Skalaship, noh? You keep missing school! You want to lose that scholarship from the PEAT Organization,isn't that so?

Oal *adjective* old - Sayka dehn midi tease di ole laydi "Chiki Chik wid ih bamboo stik" , ih daj dehn fi wapop dehn wid ih waakin stik. They were teasing the old lady, and that is why she ambushed them beat them with her cane.

Oan *verb* own, to possess - Hihn neba oan da hows,ih midi pay rent. He did not own the house,he was paying rent.

Oan *adjective If hee ku taak bowt ih oan breda laik dat, dah weh ih noh wahn du mee? If he can say all those mean things about his own brother, won't he speak worse about me?*

Oan op *(tu) verb phrase* admit, confess - Da bwai noa seh hihn an aal mi-di tease di oal man,bot udn oan op tu it. That boy knows that he too was teasing the old man, but he wouldn't admit it.

Oana *noun* owner - Di oana ah di hows seh hee noh di rent it owt nomoh. The owner of the house said that he is not renting it anymore.

Oapm/oapn *verb* Di man kohn fahn Stayts ahn oapn wahn nyoo soopamaakit. The man came from the States and he opened a new Supermarket.

Oava *preposition* over, above, on top of - Wen skool oava yoh mos kohn schrayt hoam,yoh yer? Come straight home after school, okay? Put wahn chrapoalin mek waata noh kom eena di hows. Put a tarpaulin on top of the roof to cover to so rain won't come through the nail holes.

Oanli *adjective* only - Mai hozban dah di oanli wan fi ih ma weh servaiv Hati Harikayn eena nainteen siksti-wan. My husband was his mother's only child that survived Hattie hurricane in nineteen sixty-one.

Pa *noun* pa, father - Mai pa baanda Joomayka, bot hihn groa op rait ya. My father was born in Jamaica, but he grew up right here.

Paat *verb* part, separate - Ai kudn bileev da man ahn ih waif uda mi paat. I couldn't believe that man and his wife would have parted.

Paat *noun* part, portion - Shee beks kaaz ih neva did geh paat ah di moni wen ih breda sel di lan. She is angry because she did not get part of the money when her brother sold the land.

Pahn *preposition* on, upon - Dehn set dehn buk rait pahn dis wet op taybl ahn mek dehn spail op. They placed their books on the wet table and now they are damaged.

At- Wai yoo di luk pahn mee laik yoo bex? Why are you looking at me as if you are angry?

Pahn *phrase* pahn tap a dat - Shee gat di fays a braas fi kohn kredit fahn mai shap ahn noh pay mi, now pahn tap ah dat ih wahn sen aks mi foh len ahn tweni dalaz!

PSE Primary School Examination-Aal a dehn Standad siks pikni goh sit di fos paat a di P.S.E. rait afta Eesta Haliday. All Standard six students sit the first part of the Primary School Examination immediately after the Easter Holidays.

Rait *noun* right, privilege - Da hoo gi unu di rait fi kot dong mai Stinkin Toa Chree? Who gave you the right to cut down my Bukut Tree?

Ridikyoolos *adjective* ridiculous - Ah hafu tek bad ting mek laaf kaa dehn pipl oanli ridikyoolos!

I have to laugh at how ridiculous those people are.

Rooma *noun* (skyandal, gasip) rumor, scandal, gossip - Dehn di ker bowt rooma seh mai big sista ga beli. They are gossiping about my sister saying that she is pregnant.

Sa *noun* Sir - Sa, yoo kud pleez tel how foh fain di Poas Aafis? Sir, can you please tell me how to find the Post office?

Seh *verb* said - Reeta seh dat shee di kom bak kohn live da Bileez. Rita said that she is coming back to live in Belize.

Sere *noun* fish and fufu cooked in coconut milk, with lots of okra and onion- Mai ma yoos tu kuk Sere evri Choozdeh. My mother used to cook Sere every Tuesday.

Si *verb* see (noatis, sait) - Ah hayl di laydi, ahn ih ak laik shee nat eebm si mee. I waved at the lady, and she pretended not to notice me. Ai mi si da ting pahn di floa fahn yestideh. I saw that thing on the floor from yesterday.

Tee *noun* tea - Jayni neva jrink ih tee bifoa ih gaan da skool dis maanin. Jane did not have her breakfast before she went to school this morning. Dehn ya pipl eet bred fu Tee, Dina, Tee. These people eat bread for their morning, afternoon, and evening meals.

Tenk yu *(phrase)* Thank you - Ah waahn tenk yoh fi weh yoh main dehn pikni foh mi,so Ah di gi yu dis lee gif. I want to thank you for taking care of the children for me, so I am giving this little gift to you.

Tu *adverb* too, also - If aal ah unu kom owta dis hows, Ai gwain tu! If all of you are going out, I'm leaving too! Stap bayg, yoh tu greedi! Stop begging, you are being greedy.

Uda *verb* would - Mi fren seh dat shee uda goh wid mi dah Tong tumaaro, bot ih ha lata kloaz fi wash. My friend said the she would go with me to Town tomorrow, but she has a lot of clothes to wash.

Uman *noun* woman - Mee ahn Kaali brok op kaaz hihn ga tu moch uman. Karl and I broke up because he has a lot of women. Da uman weh di stan op oava deh da Kaali sweethaat. That woman who is standing over there is Karl's sweetheart.

Umanish *adjective* womanish, (referring to the behaviour of a young girl) - Da lee gyal ak umanish ahn ih big sista dehn di opoal ahn fi bihayv soh. That little girl is acting like a grown woman, and her older sisters are encouraging her to behave like that.

Vais *noun* voice - Noh di rayz yoh vais aata mee, chail. Do not raise your voice at me, Child. Do not shout at me.

Vais mai opinyan - Ai neva frayd fi vais mai opinyan da di meetn. I was not afraid to speak out and let my voice be heard at the meeting.

Veks/Beks *adjective* vex, angry - Hihn aalwayz ga wahn bex fays, soh mee stay faar fan ahn. He always has an angry look so, I stay far from him.

Veks/ Beks *verb* anger - Ih bex mi wen dehn haad bak bwai jos di teef op bow di plays ahn noh waahn werk. It angers me when strong young men want to rob instead of finding a job.

Wahn *adjective* indefinite article a,an - Pleez gi mi wahn baks mek ah put sohn kloaz een deh. Please for a box that I can put my clothes into.

Wahn *verb* will, shall (Future tense marker) - Dehn seh dat wahn aapl fi di day wahn kip di dakta weh. They said that an apple for the day will keep the doctor away.

Waif *noun* wife - Di man ahn ih waif chreet evribadi laik faamli. The man and his wife treat everyone as if they were relatives.

Wan *adverb* alone, by one's self - Da laydi laik goh owt ahn lef da lee gyal wan eena di hows. That lady usually goes and leaves that little alone in the house.

Wan *adjective* number one - Wen polees hoal da wan, dehn beet ahn op mek ih tel pahn di res a kriminal dehn. When the policemen arrested that one, they beat him and forced him to tell on the other criminals.

Wid,wit *preposition* with - Kungoh wid mi da Cherch, Les goh wid mi dah Cherch. Come with me to Church.

Widowt/widowtn *preposition* without - Ai noh gwain da Cherch widowt mai Baibl. I am not going to Church without my Bible. How yoo ekspek mee fi mek di poasta widowtn Bristal Boad? How do you expect me to make the poster without any Bristol board?

Ya *adverb* here Kohn sidong rait ya said a mi. Come and sit beside me.

Yehr/hyaa *verb* hear - Ton dong da rayjo, kaaz Ai noh waahn yehr no naiz rait now. Turn down that radio, because I don't want to hear any noise right now.

Yoo *pronoun* you - Ai mek da tablayta fi yoo, noh fi yoh sista ahn breda dehn eet owt. I made that coconut sweet for you, and not for your siblings to eat all of it and leave you without.

Fi yoo (yours) Da buk da fi yoo. That book is yours.

Yooz *verb* use - Ai yooz skajineel ahn red bel fi wash mi hyaa mek ih groa. I use scogineal and red hibiscus to wash my hair so that it will grow.

References
Kriol- Inglish Dikshineri, 2007
A History of Belize Nation in the making sixth edition, 2002
Oxford English Dictionary for schools, 2008